Schrader / Küntzel / Kündigungsgespräche / Windmühle GmbH Hamburg

EINHARD SCHRADER   ULRICH KÜNTZEL

Kündigungsgespräche

Über den
menschlichen
Umgang
mit persönlichen
Katastrophen

Windmühle GmbH Verlag und Vertrieb von Medien

Die Deutsche Bibliothek – CIP-Einheitsaufnahme

Schrader, Küntzel;
Kündigungsgespräche; über den menschlichen Umgang mit
persönlichen Katastrophen; mit Fallbeispiel / Einhard Schrader;
Ulrich Küntzel. – Hamburg: Windmühle,
Verl. und Vertrieb von Medien, 1995
   ISBN 3-922789-55-2
NE: Ulrich Küntzel

©Windmühle GmbH
1. Auflage 1995
Druck: Gulde Druck, Tübingen
Layout: Regina Isterling, Hamburg
Grafik Umschlag: CoDesign, Hamburg

Inhalt

Vorwort

Vor nicht allzu langer Zeit war Arbeitslosigkeit noch ein persönliches Versagen. Noch hallen die Worte in unseren Ohren nach, die man allenthalben hören konnte: "Wer arbeiten will, der findet auch Arbeit." In jüngster Zeit sind diese Stimmen verstummt: Die große Mehrheit der abhängig Beschäftigten fühlt sich bedroht. Plötzlich kann es auch die treffen, die sich bisher sicher wähnten: gut qualifizierte Arbeitnehmer, Führungskräfte, Beschäftigte in Wachstumsbranchen.

Für die Betroffenen stellt die Kündigung in der Regel eine persönliche Katastrophe dar. Lebensplanungen werden von heute auf morgen Makulatur, die Stellung in der Gesellschaft, im Bekannten- und Freundeskreis ist bedroht, das engste persönliche Umfeld, die Familie, ist einer hohen Belastungsprobe ausgesetzt.

Nicht nur die von Arbeitslosigkeit Bedrohten wissen das; auch diejenigen, die Kündigungen aussprechen müssen, stehen unter einem großen emotionalen Druck. Gerade weil es heute nicht mehr nur die Leistungsschwachen, die Drückeberger und Versager trifft, sondern weil ganze Abteilungen, ja ganze Generationen in einem Unternehmen von der "Freistellung" betroffen sind, gibt es immer seltener ein persönliches Verschulden des zu kündigenden Mitarbeiters. Um so schwerer fällt es Vorgesetzten, Personalverantwortlichen und Unternehmensleitungen, das eigene Gewissen zu beruhigen, die Schuld auf den Mitarbeiter abzuwälzen. Es mehren sich bei Führungskräften, die einen Personalabbau durchführen müssen, Depressionen und Schlafstörungen, auch wenn sie das selten öffentlich zugeben: Das Eingeständnis dieser "persönlichen Schwäche" könnte den eigenen Arbeitsplatz gefährden.

So bleibt vielen Vorgesetzten und Personalverantwortlichen nichts anderes übrig, als diese Gefühle zu verdrängen, die Kündigungen möglichst "sachlich" und "kurz und schmerzlos" durchzuziehen, in der Hoffnung, damit auch die quälenden Bilder zu verdrängen, die sie befallen, wenn sie an die Nöte der Menschen denken, die sie durch ihre Entscheidung aus dem Arbeitsleben ausgesperrt haben. Dadurch entsteht bei dem Beobachter der Eindruck von sozialer Kälte, und nicht zufällig wird in den meisten Medienberichten – mit Recht – von der "Not der Arbeitslosen" gesprochen, während die Kündiger als coole und herzlose Manager erscheinen, die ihren Job ohne weitere Gefühlsregung versehen. Ängste zu zeigen gilt in unserer Kultur als Schwäche. Wer Ängste nicht zeigen darf, darf sie auch nicht wahrnehmen, damit sie ihn nicht zur Unzeit überfallen. Wer Ängste nicht wahrnehmen darf, muß Situationen aus dem Wege gehen, die ihn mit den eigenen Gefühlen konfrontieren könnten. So werden Kündigungen am liebsten nur schriftlich ausgesprochen, am besten per Serienbrief, um sich nur ja nicht mit der Reaktion des Gekündigten beschäftigen zu müssen. Und kommt es einmal zu einer persönlichen Konfrontation, dann regieren Zahlen das Gespräch in der Hoffnung, der Gekündigte werde ein Einsehen in die Notwendigkeit haben. Für die persönliche Situation des Mitarbeiters ist allenfalls der Betriebsrat zuständig, und wenn der zugestimmt hat, ist ja alles in Ordnung.

Trotzdem kommt es bei Kündigungsgesprächen immer wieder zu dramatischen Situationen. Tränen, Wutanfälle und scheinbar ungerechte Beschuldigungen treffen den Überbringer der schlechten Botschaft, drängen ihn in Hilflosigkeit und Rechtfertigung, schließlich in den Gegenangriff. Solche Gespräche enden meist lautstark, aber bei allen Beteiligten bleibt ein Gefühl der Ohnmacht zurück. Welcher Vorgesetzte oder Personalchef fragt sich nicht gelegentlich insgeheim, wie er selbst wohl in einer solchen Situation reagieren würde. Aber auch diesem Gedanken darf meist nicht nachgegangen werden, er würde die eigene Position schwächen. Also lenkt man sich ab und wendet sich einer Arbeit zu, die weniger an die Nieren geht.

Trotzdem: wer sich häufiger mit Kündigungen auseinandersetzt und noch nicht zur seelenlosen Maschine verkommen ist, kann nicht einfach zur Tagesordnung übergehen. Auch wenn er die objektive Lage nicht ändern kann, wenn er die Notwendigkeit von Personalreduzierungen einsieht, um das Unternehmen nicht zu gefährden, muß er einen Weg finden, wie er selbst damit fertig wird. Diesem Personenkreis, der Kündigungen ausspricht, sie an die

Betroffenen vermitteln muß, ist dieses Buch in erster Linie gewidmet. Es will dazu beitragen, die Situation zwischen Kündiger und Gekündigtem menschlicher zu gestalten. Von der Gestaltung des Kündigungsgesprächs hängt es nicht nur ab, wie der zukünftige Arbeitslose in diese neue Lebenssituation entlassen wird, sie hat auch Auswirkungen auf das Selbstwertgefühl des Kündigers. Eine beliebte Formel dafür heißt: "Kann ich mich morgens noch im Spiegel anschauen?" Damit ist gemeint, ob ich noch Respekt vor mir selbst haben kann, in welcher Art und Weise ich mit menschlichen Problemen umgehe. Dieser Respekt vor sich selbst, die Fähigkeit, mit schwierigen Gefühlssituationen umgehen zu können, ist ein wesentlicher Aspekt von Führungsfähigkeit. Und mehr noch: er unterscheidet den Menschen vom Computer, er entscheidet darüber, ob ein Mensch im Vollbesitz seiner emotionalen Kräfte bleibt oder ob er zur leeren Hülse wird, ob er – wie man in den endsechziger Jahren sagte – zur "Charaktermaske" wird.

Dieses Buch beschäftigt sich also mit der psychologischen Problematik von Kündigungen. Es leistet keinen Beitrag zu arbeitsrechtlichen oder organisatorischen Fragestellungen. Es ist kein "sachliches" Buch, sondern ein sehr persönliches, das sich an den Menschen im Funktionsträger wendet.

Unter dieser Leitidee haben wir beiden Autoren uns zusammengefunden, weil wir in unseren jeweiligen Tätigkeitsbereichen die Erfahrung gemacht haben, daß die arbeitsrechtliche Aufarbeitung des Kündigungsthemas auch einem nicht fachkundigen Publikum weitgehend zugänglich ist, vor allem aber Führungskräfte mit der seelischen Seite dieses Themas meist allein gelassen werden. Wir haben uns erst bei dieser Arbeit kennengelernt und waren erstaunt, wie groß auf Anhieb unsere Übereinstimmung in den entscheidenden Fragen dieses Buches war. Das zeigt, wie bedrängend die Gefühle von Hilflosigkeit und Angst sind, nachdem kaum eine Person mit Führungsaufgaben heute von diesem Thema verschont bleibt.

Den Anstoß zu diesem Buch gab ein Fernstudienlehrgang, den einer der beiden Autoren, Einhard Schrader, für Führungskräfte der ehemaligen Staatlichen Versicherung der DDR – heute unter dem Namen "Deutsche Versicherungs AG" eine Tochter der Allianz Versicherung – geschrieben hat. Die dramatische Reduktion der

Arbeitsplätze, von der kaum ein Betrieb in den neuen Bundesländern verschont blieb, hat auch die Deutsche Versicherung getroffen. In dieser für alle Mitarbeiter schwierigen Situation mußten
die Führungskräfte eine große Zahl von Kündigungen durchführen
und erbaten sich dazu eine Hilfe im Rahmen des Fernstudiums.
Nachdem nicht nur die Führungskräfte in den neuen Bundesländern diesen Text als hilfreich empfanden, sondern sich auch westliche Führungskräfte positiv geäußert hatten, entstand der Plan,
die dort entwickelten Ideen zu erweitern und zu vertiefen und sie
einem größeren Publikum zugänglich zu machen.

Dieses Buch wird an dem Ärgernis der Kündigung nichts ändern
können, aber es kann hoffentlich dazu beitragen, die Kündigungssituation für alle Beteiligten erträglicher und menschlicher
zu gestalten.

Das Drama Kündigung

1. Was macht Arbeitslosigkeit zu einem Unglück?

Der Inhalt von Kündigungsgesprächen ist scheinbar ein rein geschäftsmäßiger: Zwischen zwei Wirtschaftssubjekten wird eine Vertragsbeziehung beendet. Gegenstand des Vertrages ist die Ware Arbeitskraft, für die in der angebotenen Form keine Nachfrage mehr besteht. In einer Wirtschaftsordnung, in der der Austausch von Waren und Dienstleistungen durch Angebot und Nachfrage reguliert wird, ist das ein ganz alltäglicher Vorgang, der sich theoretisch durch nichts vom Einkauf von Kartoffeln auf dem Wochenmarkt unterscheidet.

Theoretisch! Denn praktisch unterscheidet sich die Ware Arbeitskraft von allen anderen Tauschobjekten durch ihre existenzielle Bedeutung für Anbieter und Nachfrager. Das Adjektiv "existenziell" ist dabei wörtlich zu nehmen, denn von dem gelungenen Austausch dieser ganz besonderen Ware hängen die physische und die gesellschaftliche Existenz beider Seiten ab. Wen wundert es angesichts dieser elementaren Lebensbedeutung, die ein Arbeitsverhältnis darstellt, daß beide Seiten meist mit großem Unbehagen in ein Kündigungsgespräch gehen.

Neben der wirtschaftlichen Bedeutung, die ein Arbeitsverhältnis für Anbieter und Nachfrager darstellt, wird mit dieser Vertragsbeziehung auch ein persönliches Verhältnis gestiftet: Die Beziehung zwischen Arbeitgeber und Arbeitnehmer vollzieht sich in einem sozialen Raum, der nicht nur durch rationale Mittel wie Geld, Arbeitszeit usw. gestaltet ist, sondern in dem persönliche Werte wie Vertrauen, Solidarität, gemeinsame Erlebnisse, individuelle und soziale Wünsche, Hoffnungen und Enttäuschungen eine Rolle spielen. Mit einer Kündigung ist also auch immer die Zerstörung einer persönlichen Beziehung, die für beide Seiten sinnstiftend ist, verbunden. Die menschliche und gesellschaftliche Bedeutung eines Arbeitsvertrages, der durch eine Kündigung beendet wird, macht die eigentliche Dramatik dieser Gespräche aus. Bevor wir uns mit diesen Gesprächen selbst beschäftigen, wollen wir in den ersten beiden Kapiteln den gesellschaftlichen und den persönlichen Hintergrund dieser Katastrophe beleuchten.

1.1 Ambivalente Gefühle

Es gibt einen merkwürdigen Widerspruch bei dem Thema Arbeitslosigkeit:Einerseits wird Arbeit als Last, ja als ein Fluch empfunden, andererseits löst die Befreiung von der "täglichen Müh' und Arbeit" Angst aus. Einerseits wird vielen Arbeitslosen unterstellt, sie seien faul und drückten sich von der Arbeit, andererseits geraten Menschen, die ihren Arbeitsplatz verlieren, in Panik und Depression. Es ist nicht nur der Traum einzelner Menschen, es ist ein Traum der Menschheit, von der täglichen Plackerei erlöst zu werden, aber wenn dieses Schlaraffenland in greifbare Nähe gerät, bricht für viele Menschen ihre Lebenswelt zusammen.

Dieser Widerspruch macht Arbeitslosigkeit zu einem Thema, das von ambivalenten Gefühlen begleitet ist. Wir werden hin- und hergerissen zwischen dem Traum von der Befreiung von Arbeit[1] und dem Horror, aus der Arbeitswelt ausgeschlossen zu sein. Aus der Psychologie wissen wir, daß eine solche Gefühlsambivalenz Angst auslöst, die sich häufig in Aggressionen äußert, Aggressionen, die sowohl Arbeitslose wie auch diejenigen treffen, die tatsächlich oder scheinbar Schuld an der zunehmenden Arbeitslosigkeit haben.

Diese Auseinandersetzungen werden politisch zum Beispiel in Parteien und Gewerkschaften ausgetragen, sie spielen aber auch in unserem Alltag eine große Rolle. Arbeitslose machen die Erfahrung, daß sie gemieden werden, als seien sie Aussätzige, die von einer ansteckenden Krankheit befallen sind. Stammtischgespräche von "Arbeitsbesitzenden" sind voll von dem Jammer über die Last der täglichen Arbeit, die Arbeitsverhältnisse und den zu geringen Lohn, aber diejenigen, die vorübergehend oder dauerhaft dem Los, arbeiten zu müssen, entronnen sind, werden mit Verachtung behandelt.

---

[1] Noch im Mittelhochdeutschen, der Sprache, die bei uns vor rund achthundert Jahren gesprochen wurde, bedeutet »arebeit« nicht Tätigkeit, sondern Mühe und Plage.

Diese tiefsitzenden ambivalenten Gefühle machen Arbeitslosigkeit zu einem der bedeutenden gesellschaftlichen Tabuthemen wie Tod, Krankheit und Sexualität. Um angemessen mit Kündigungen umgehen zu können, müssen wir uns über die elementare Bedrohung Klarheit verschaffen, die mit der Arbeitslosigkeit verbunden ist. Es geht dabei nicht nur um die praktischen Fragen, wie man ohne Arbeit für sich und seine Familie den Lebensunterhalt bestreiten kann. Es geht auch darum zu verstehen, warum Menschen, die ihren Arbeitsplatz verlieren, häufig in tiefe Mutlosigkeit und Resignation verfallen, warum sie nicht die Chancen sehen können, die sich ihnen (noch) bieten. Der Traum von dem Glück, ohne Verpflichtungen in den Tag hineinleben zu können, wird zum Alptraum der Leere.

Arbeitslosigkeit verletzt tiefsitzende Bedürfnisse nach persönlicher und gesellschaftlicher Identität. Arbeitslosigkeit – insbesondere, wenn sie unerwartet und unfreiwillig über den Betroffenen hereinbricht – führt bei vielen Menschen zu einer tiefen Identitätskrise. Wie das kommt, sollen die folgenden Überlegungen zu klären helfen.

1.2 Das Ethos der Arbeit – eine Allianz zwischen Sozialismus, Kapitalismus und Kirche

Am Anfang steht der Sündenfall Adams und Evas. Er hat uns nicht nur das schwierige Geschenk der Sexualität gebracht, er hat uns auch zur Arbeit verdammt. "Verflucht sei der Acker um deinetwillen; mit Kummer sollst du dich ernähren" ist die Botschaft, mit der Adam aus dem Paradies getrieben wird. Sie ist von ebenso niederschmetternder Wirkung wie der Fluch, der Eva trifft: "Du sollst mit Schmerzen Kinder gebären." Diese Verdammnis, die unsere religiösen Ureltern getroffen hat, ist ein Kern christlicher Ethik geworden, die unsere westliche Kultur bis heute geprägt hat, gleichgültig, ob wir nun bekennende Christen sind oder nicht. Dieses kulturelle Erbe, das unsere persönliche und gesellschaftliche Entwicklung über mehr als 50 Generationen gestaltet hat, sitzt uns tief in den Knochen.

In der christlichen Lehre – besonders in ihrer protestantischen Ausprägung – ist Arbeiten aber nicht nur Strafe, es ist gleichzeitig eine Verpflichtung geworden. Arbeit ist gottgefällig, nicht arbeiten öffnet dem sündhaften Leben Tor und Tür. Wenn wir uns dem

Fluch entziehen, indem wir nicht arbeiten, handeln wir gleichzeitig gegen den Willen Gottes. Arbeit ist also aus religiöser Sicht nicht nur eine Lebensnotwendigkeit, sie ist die Erfüllung eines göttlichen Auftrags.

Gleich im ersten Buch der Bibel, das die Entstehungsgeschichte der Menschheit beschreibt, wird uns auch noch gesagt, was wir von Urlaub zu halten haben: "Und am siebten Tage sollst du ruhen", heißt es dort. "Ruhen", nicht etwa "du sollst Spaß haben", "dich vergnügen", "das Leben genießen", nein, "ruhen", um sich für den unausweichlich folgenden ersten Tag wieder fit zu machen. Arbeiten ist Gottes Auftrag, ist gottgefällig, nicht aber das Vergnügen und die Lebenslust.

Diese Botschaft haben wir über Jahrhunderte eingetrichtert bekommen, und sie prägt auch heute noch unsere Selbstwertgefühle. Von Urlaub sprechen wir nur, wenn er in genau definierter Länge zwischen zwei Arbeitsphasen liegt. "Urlaub" von undefinierter Länge, ohne wieder an seine Arbeit zurückzukehren, kommt in unserer Arbeitswelt nicht vor. Wer nach einer Ruhephase nicht wieder an den Arbeitsplatz zurückkehrt, ist ein Aussteiger oder ein Arbeitsloser. Beide haben sich, so scheint es, aus der Gemeinschaft der arbeitenden Menschen abgemeldet.

Dieser Mythos der Arbeit liegt auch den gegensätzlichen Gesellschaftstheorien zugrunde, die unsere Arbeitswelt geprägt haben: dem Kapitalismus und dem Sozialismus. Aus sehr unterschiedlicher Sichtweise kommen beide Richtungen zu einem sehr ähnlichen Menschenbild: Der Mensch verwirklicht sich durch Arbeit, auch wenn die religiösen Wurzeln nur noch schemenhaft erkennbar sind. Nur wer arbeitet, ist ein anerkanntes Mitglied der Gesellschaft. Wer nicht arbeitet, nimmt einen niedrigeren Rang ein: Kinder, Alte, Hausfrauen. Damit ist auch genau definiert, was unter Arbeit verstanden wird: Arbeit ist eine Tätigkeit, die entlohnt wird. Erziehung der Kinder, Pflege des Gartens, Versorgung der Familie, das Trainieren des eigenen Körpers – das alles mag anstrengend, schweißtreibend und manchmal lästig sein, aber diese Tätigkeiten werden nicht entlohnt, also gelten sie nicht als Arbeit in dem adelnden Sinn. Sie sind Zeitvertreib oder den Personenkreisen zugeordnet, die, wie zum Beispiel Hausfrauen, "dazu geboren sind" [2].

---

[2] Dieses Rollenbild ist heute sicherlich in Wandlung begriffen, aber der nach

Diese Formulierungen mögen ein wenig übertrieben und nicht mehr ganz zeitgemäß erscheinen, aber sie sollen deutlich machen, welches Maß an Zynismus, an Verachtung wichtiger Lebensbereiche in dem Arbeitsbegriff stecken, der auch heute noch unser gesellschaftliches Leben beherrscht. Angesichts der Tatsache, daß vermutlich immer weniger entlohnte Arbeit zur Verfügung steht, bedrohen wir immer mehr Menschen damit, sie von der Teilhabe an gesellschaftlich anerkannten Lebensbereichen auszuschließen. Dem gemeinsamen Arbeitsverständnis von Kirche, Kapitalismus und Sozialismus, die unser gesellschaftliches Selbstverständnis prägen, haben wir nichts als den fragwürdigen Begriff der "Freizeitgesellschaft" entgegenzusetzen. Auch wenn uns der Verdacht beschleicht, daß Kirche, Arbeitgeber und Arbeitnehmervertretungen, jeder auf seine Weise, von dieser Arbeitsideologie profitieren – wir können uns ihr kaum entziehen. Zu tief haben wir sie von Kindesbeinen an eingesogen, als daß uns nicht panische Angst befallen würde, wenn wir diesen Platz in der Gesellschaft verlören .

1.3 Leben, um zu arbeiten – nicht arbeiten, um zu leben

Arbeit gliedert seit eh und je unser Leben. Tages-, Wochen- und Jahresablauf sind durch die Arbeitszeiten strukturiert, die anderen Aktivitäten lagern sich um die Arbeit herum. Die Arbeit bestimmt nicht nur den Zeitpunkt für andere Tätigkeiten, sondern sie legt fest, ob und wieviel für anderes überhaupt übrig bleibt. So lästig diese Dominanz der Arbeit auch ist, sie erfüllt ein tiefsitzendes menschliches Bedürfnis, nämlich seine Zeit sinnvoll zu verbringen. Als sinnvoll erleben wir Zeit[3], wenn wir uns angeregt fühlen, wenn wir anerkannt werden und/oder wenn der Zeitverlauf als strukturiert erlebt wird. E. Berne hält dieses Bedürfnis für so stark, daß er es dem physischen Hunger gleichsetzt.

---

wie vor geringe Anteil von Frauen in entlohnten Arbeitsverhältnissen und öffentlichen Ämtern zeigt, daß die tatsächlichen Verhältnisse hinter dem veränderten Bewußtsein herhinken. In jüngster Zeit wurde diese Erkenntnis bestätigt durch überdurchschnittlich hohe Verluste an Arbeitsplätzen von Frauen nach dem Zusammenbruch der DDR.

---

[3] nach Eric Berne,»Was sagen Sie, nachdem Sie „Guten Tag" gesagt haben?«, München 1975, S. 33f

Arbeit erfüllt meist mindestens eines dieser sinnspendenden Kriterien. Herausforderungen regen uns an, uns zu engagieren, unsere Kräfte zu entfalten, Neues auszuprobieren. Sie konfrontiert uns immer wieder mit neuen Situationen, auf die wir spontan reagieren müssen. Das belebt Körper, Geist und Sinne. Aber es gibt natürlich auch Arbeit, die eintönig und wenig anregend ist. Gleichwohl kann sie uns Anerkennung verschaffen. Ausdauer, Leidensfähigkeit, Opferbereitschaft können Gründe für diese Anerkennung sein, oder aber auch nur, daß eben diese Arbeit, so langweilig sie auch sein mag, doch gebraucht wird, daß andere nicht auf sie verzichten können. Und gibt es wenig Anregung und kaum Anerkennung, so spielt sich Arbeit doch (fast) immer in einem sozialen Rahmen unter Menschen ab, der gewisse Regelmäßigkeiten aufweist. Die morgendliche Begrüßung, das Treffen in der Kantine, dieselben Menschen morgens und abends in der U-Bahn – auch der eintönigste Arbeitsplatz weist eine Fülle von Ritualen auf, die uns signalisieren: Du gehörst dazu, du bist einer von uns.

Die Angst vor Strukturlosigkeit sorgt dafür, daß immer weitere Bereiche von der arbeitsähnlichen Gestaltung erfaßt werden: Kinder kommen spätestens mit drei Jahren in den Kindergarten und haben damit einen festgelegten Tagesablauf. Animationsangebote im Urlaub sorgen dafür, daß der Urlaubstag sinnvoll gegliedert und damit dem Arbeitstag möglichst ähnlich ist. Schon Dreizehnjährige führen einen Terminkalender, der über Wochen hinaus ausgebucht ist. Muße, vor sich hinträumen, einfach nur dasitzen, einen Sonnenuntergang genießen, könnten uns mit der Leere konfrontieren, die übrig bleibt, wenn wir uns nicht den Gestaltungsgesetzen der Arbeit unterwerfen.

Wenn manche Arbeitslose ihre täglichen Routinen aufrechterhalten, morgens immer zur selben Zeit aus dem Haus gehen und abends zur gewohnten Zeit zurückkommen, dann hat das – neben der Scham des Ausgestoßenseins – auch etwas mit diesem Bedürfnis nach Struktur im täglichen Leben zu tun. Es wird damit wenigstens der Schein gewahrt, ein sinnvolles Leben zu führen. Die täglichen Rituale aufgeben bedeutet für manche Menschen den physischen und psychischen Zusammenbruch, das Abgleiten in die Gruppe der Ausgestoßenen, des gesellschaftlichen Bodensatzes. Für manche bedeutet das das Ende ihrer gesellschaftlichen Existenz.

Prinzipiell sind Rentner von der gleichen Leere bedroht. Aber ihre Untätigkeit wird gesellschaftlich anders bewertet. Sie haben sich ihren "Lebensabend" verdient durch jahrzehntelange Pflichterfüllung (und Einzahlung in die Sozialversicherung). Bei der arbeitenden Bevölkerung lösen sie eher ein mildes Lächeln aus, wenn sie sich über die Inhaltsleere ihres Alltags beschweren. Ganz anders die Frührentner. Sie haben ja ihr Soll an Arbeit eigentlich noch nicht geleistet. Sie trifft die Ausgrenzung aus der Gesellschaft doppelt, weil ihnen einerseits bescheinigt wird, daß sie in der Blüte ihrer Schaffenskraft nicht mehr gebraucht werden, und weil sie andererseits die Hoffnung, wieder Anschluß an die Arbeitswelt zu finden, wohl endgültig begraben müssen.

1.4 Sage mir, was du tust, und ich sage dir, wer du bist

Mit der Industriegesellschaft, die sich im 19. Jahrhundert entwickelte, ging die "gottgewollte" gesellschaftliche Ordnung zugrunde. Spätestens mit dem Ende des Zweiten Weltkriegs begann sich das starre Klassensystem aufzulösen, und mehr und mehr hing es von der Leistung des einzelnen ab, welchen Platz er in der Gesellschaft einnahm. Entsprechend der arbeitsorientierten Prägung unserer Kultur wurde die berufliche Tätigkeit zum Hauptindiz für die gesellschaftliche Stellung.

Dadurch veränderte sich nicht nur die gesellschaftliche Rangskala, der einzelne konnte nun auch durch eigenes Bemühen von einer in die andere Schicht aufsteigen und durch eigenes Versagen absinken. An die Stelle der Herkunft trat die eigene Leistungsfähigkeit. Das heißt aber auch: Jeder ist für seine gesellschaftliche Position selbst verantwortlich. Wer etwas leistet, wird durch gesellschaftliche Anerkennung belohnt. Wer sich nicht bemüht, hat sie nicht verdient.

Erstmals in der Rezession der neunziger Jahre erleben wir, daß persönliches Bemühen und gute berufliche Qualifikation nicht vor Arbeitslosigkeit schützen. Vom ungelernten Arbeiter bis zum hochspezialisierten Physiker, von der Reinigungskraft bis zum Vorstandsmitglied verlieren Menschen heute ihren Arbeitsplatz und damit gleichzeitig ihr gesellschaftliches Rangabzeichen. Sie werden ein Niemand, gesellschaftlich gesehen sind sie Luft.

Natürlich wissen wir alle, daß es schon längst nicht mehr persönliches Versagen oder individuelles Pech ist, wenn man aus dem Arbeitsprozeß herausfällt, aber unsere gesellschaftlichen Normen verändern sich nicht so schnell. Im Gegenteil. Sie werden noch weiter stabilisiert. Sie dienen dazu, sich Vorteile im Konkurrenzkampf um Arbeit zu verschaffen und die Angst zu verdrängen, es könne einen auch selber treffen. Gerade in der deutschen Laborsituation, der Vereinigung zweier ganz unterschiedlicher Gesellschaftssysteme, kann man erkennen, mit welcher atemberaubenden Geschwindigkeit diese westliche Gesellschaftsideologie auf die neuen Mitbürger übertragen wird und sie damit stigmatisiert werden. Da das Glaubenssystem nicht falsch sein kann, müssen Millionen bundesrepublikanische Neubürger, die ihre Arbeitsplätze verloren haben, als faul, unengagiert und anpassungsunfähig diffamiert werden. Würde anerkannt, daß auch sie etwas können, daß es nicht persönlicher Mangel ist, der sie arbeitslos werden läßt, dann wären sie ja vollberechtigte Mitbewerber auf dem Arbeitsmarkt – eine Gefahr für jeden, der noch Arbeit hat.

1.5 Zeige mir, was du kaufst, und ich sage dir, wer du bist

Dieses an der beruflichen Position orientierte Gesellschaftsmodell wird inzwischen - wie Soziologen erkannt haben - überlagert von einem konsumorientierten Modell. Die Berufswelt ist nämlich heute viel unübersichtlicher als noch vor 40 Jahren, Berufsbezeichnungen lassen nicht mehr Bedeutung und Einfluß ihres Trägers erkennen, Ausbildungswege sind so ineinander verschränkt, daß der Gelernte nicht mehr vom Ungelernten, der Akademiker nicht mehr vom Nichtakademiker zu unterscheiden ist. Auch was der einzelne mit seiner Berufstätigkeit wohl verdient, ist unter diesen Umständen nicht mehr annähernd zu vermuten. Das führt zu Orientierungslosigkeit, denn unsere eigene gesellschaftliche Position erkennen wir, indem wir uns mit anderen vergleichen. Aber wie soll ich mich einschätzen können, wenn ich den anderen nicht mehr einschätzen kann?

Viel einfacher ist es festzustellen, was der andere herzeigt, was er sich leisten kann, wofür ihm Geld zur Verfügung steht. Nicht mehr die Einkommenshöhe ist entscheidend, sondern der Konsum. (Das ist eine der Quellen hoher Verschuldung von Privathaushalten, die im Falle der Arbeitslosigkeit häufig eine dramatische Bedeutung bekommt.) Die neueste Entwicklung zeigt aber auch hier schon weitere Differenzierungen. Es kommt nicht mehr nur auf die Höhe des Konsums, sondern auch auf seine Qualität an. "Lifestyle" nennen Soziologen heute dieses Kriterium. Ob ich nämlich viel Geld für gesunde Ernährung oder für ein schnelles Auto ausgebe, signalisiert, welchem gesellschaftlichen Kreis ich mich zurechne. So gehören gleiche Einkommensgruppen ganz unterschiedlichen Konsumschichten an, die sich ihrerseits an gleichen oder ähnlichen Wertvorstellungen orientieren.

Für unser Thema ist vor allem wichtig, daß für die meisten Menschen das Familieneinkommen die Quelle des Konsums ist. Wer über längere Zeit deutlich weniger ausgeben kann, verliert die Zugehörigkeit zu seiner Konsumschicht, steigt also gesellschaftlich ab. Arbeitslose und ihre Familienangehörigen wenden viel Zeit, Phantasie und Energie auf, um diesen Konsumabstieg nicht zeigen zu müssen. Sie nehmen weite Wege in Kauf, um die gewünschten Produkte billiger einkaufen zu können, steigen auf Ersatzprodukte um, deren geringeren Preis man nicht sieht, erfinden Ausreden, wenn der Urlaub dieses Jahr weniger aufwendig ausfällt. Sie sind nicht etwa stolz auf ihr neues Preisbewußtsein, ihre genauere Kenntnis des Marktes, nein, viele verheimlichen diese Anstrengungen vor anderen, als täten Sie etwas Unmoralisches. Ihre Gefühle sind ein genaues Spiegelbild der beschriebenen Gesellschaftsideologie: Wenn gesellschaftliche Rangordnung von der eigenen Leistung abhängt, dann muß wohl ein Versager, ein Unwürdiger sein, wer seine Position nicht einmal halten kann. Arbeitslose geraten auf diese Weise in Gefahr, den gesellschaftlichen Boden unter ihren Füßen zu verlieren.

1.6 Das soziale Ruhekissen

Die wohl wichtigste gesellschaftliche Errungenschaft der letzten hundertzwanzig Jahre ist der kontinuierliche Ausbau des sozialen Sicherheitssystems. Im vorigen Jahrhundert waren abhängig Beschäftigte hilflos der Willkür oder dem Wohlwollen ihres Dienstherrn ausgeliefert. Es ist nicht nur das Verdienst der Arbeiterbewegung, Schritt für Schritt das Los von Arbeitern und Angestellten verbessert zu haben, auch die Arbeitgeber haben, insbesondere nach den Erfahrungen der Zeit zwischen dem Ersten und dem Zweiten Weltkrieg, erkannt, daß soziale Verelendung zu instabilen gesellschaftlichen – und damit wirtschaftlichen – Verhältnissen führt. Ein kurzer Blick auf die Umstände Ende der zwanziger und Anfang der dreißiger Jahre läßt uns den Unterschied zu heute deutlich erkennen: Im Jahr 1994 näherten wir uns in Deutschland den Arbeitslosenzahlen, die Anfang der dreißiger Jahre geherrscht haben. Aber die Versorgung von Arbeitslosen und Rentnern ist heute unvergleichlich besser als damals, auch wenn es heute Arbeitslosen und Rentnern nicht rosig geht. Vermutlich ist dadurch auch die soziale Sprengkraft geringer als zu der Zeit, da die Verzweiflung in mehreren Ländern Europas in den Faschismus führte.

Diese soziale Sicherheit ist ganz unbestreitbar ein persönlicher, gesellschaftlicher und politischer Fortschritt. Aber wie jedes Glück hat auch dieses seine Schattenseite. Insbesondere die Erfahrung eines scheinbar unendlichen wirtschaftlichen Wachstums mit Steigerung des Wohlstands und Absicherung gegen alle möglichen Lebensrisiken hat auch die Sensibilität für ihre Gefährdung einschlummern lassen. Welcher junge Auszubildende hat nicht fest damit gerechnet, daß er lebenslang einen Arbeitsplatz haben würde, wenn er nur will? Wer hat nicht sicher damit gerechnet, daß die finanziellen Folgen von Krankheit, Tod des Familienernährers und Konjunkturschwankungen durch das soziale Netz abgefedert sind? Wie viele Menschen haben sich nicht im Vertrauen auf ständig wachsende Einkommensentwicklung mittel– oder langfristig verschuldet? Wer hat aber damit gerechnet, daß eine wirtschaftliche Krise so dramatische Folgen haben würde wie Obdachlosigkeit, Reduzierung der Arbeitslosenunterstützung, Gefährdung des Rentensystems und Abbau der Krankenversicherungsleistungen?

Wir sind blind dafür geworden, daß das Leben uns unvorhersehbare Risiken bescheren kann, für die wir ganz persönlich Verantwortung übernehmen müssen. Die sozialpolitischen Einrichtungen – von der Sozialversicherung bis zu den Wohlfahrtsverbänden, von den Tarifpartnern bis zu den Parteien – haben uns versichert, daß sie schon für uns sorgen werden – und wir haben es geglaubt. Die Diskussionen um den Sozialabbau, um die Überforderung der öffentlichen Haushalte haben zu einem grausamen Erwachen geführt, und auch hier nimmt die Aggressivität in den Verteilungskämpfen zu.

Hier soll keinem liberalistischen Modell der "Entstaatlichung" das Wort geredet werden. Für unser Thema des Umgehens mit der Kündigungssituation hat es eine ganz andere, individuelle Konsequenz: Wer seinen Arbeitsplatz verliert, muß ein ganz ungewohntes Maß an Eigeninitiative entfalten, wenn er nicht auf Dauer von der Arbeitswelt ausgeschlossen sein will. Die öffentlichen Einrichtungen können ihm unerwarteterweise nur noch ungenügend helfen. Und, was die Lage verschärft, er muß seine Energien mobilisieren, ohne sicher sein zu können, daß er wirklich Erfolg haben kann. Für jemanden, der in seinem Arbeitsleben die Erfahrung gemacht hat, daß er es zu etwas bringt, wenn er sich nur bemüht, für den ist diese Aussicht deprimierend. Und tatsächlich stecken viele Menschen schon auf, bevor sie sich aufgerafft haben.

Wenn wir oben angedeutet haben, daß Arbeitslosigkeit auch ihre Chancen haben kann, dann ist diese Herausforderung gemeint, sich über seine Fähigkeiten und Möglichkeiten klar zu werden, sein Schicksal selbst in die Hand zu nehmen und das Maximum aus sich und der Situation zu machen. Die objektiven Chancen mögen je nach Alter, Geschlecht, Qualifikation und Mobilität unterschiedlich sein, aber die Aufforderung, Selbstverantwortung zu übernehmen, sich nicht auf anonyme Einrichtungen zu verlassen, ergeht heute an jeden, der unter Arbeitslosigkeit leidet.

Diese Herausforderung ist vielen so ungewohnt, daß sie gar nicht wissen, wie sie es anstellen können. Der Stahlarbeiter, der mit 14 Jahren in seinem Betrieb die Lehre begonnen hat und nun, nach über dreißig Jahren, gekündigt wird, weil das Werk geschlossen wird, dieser Arbeiter hat nie in seinem Leben eine Bewerbung geschrieben, hat sich nie darüber Gedanken gemacht, wo seine Fähigkeiten liegen und welche berufliche Tätigkeit noch für ihn in Frage kommen könnte. Dieser Arbeiter steht der Arbeitslosigkeit hilflos gegenüber. Er weiß nicht, wie er selbst initiativ werden kann. Für die meisten Arbeitslosen in einer solchen Situation ist die Folge meist Resignation und Frührentnertum, obwohl sie sich auf der Höhe ihrer Schaffenskraft befinden. Deshalb ist dieser Frage in unserem Buch ein eigenes Kapitel gewidmet, das praktische Hinweise zur Selbstorganisation geben will.

Mit diesem Ausflug in die psychologischen und soziologischen Ursachen und Folgen der Arbeitslosigkeit sollte der Hintergrund verdeutlicht werden, auf dem Kündigungsgespräche geführt werden. Angesichts der Vielschichtigkeit des Problems der Arbeitslosigkeit fällt es vielleicht leichter, die persönliche Tragik anzuerkennen, gegenseitige Beschuldigungen zu vermeiden, sich in den Gesprächspartner hineinzuversetzen und das bestmögliche Gesprächsergebnis zu erzielen.

1.7 Zusammenfassung

In diesem Kapitel wird dem Widerspruch nachgegangen, der darin besteht, daß die Arbeit einerseits als eine Last empfunden wird, andererseits die Befreiung von der Arbeit in Form der Arbeitslosigkeit aber in eine menschliche Krise führt. Es wird dargestellt, wie die Arbeit religiös und gesellschaftlich in unserer Kultur verankert ist, so daß Arbeitslosigkeit zum Verlust der gesellschaftlichen Existenz führt.

Diese persönliche Krise führt bei vielen Menschen zu Mut- und Antriebslosigkeit, zu Gefühlen des Versagens und der Scham und zum Verlust des Selbstwertgefühls. Dadurch geraten viele Arbeitslose in einen Teufelskreis, der dann in Dauerarbeitslosigkeit endet. Dabei spielt auch eine Rolle, in welcher Art und Weise die Kündigung ausgesprochen und durchgeführt wird, ob der Gekündigte für die schwierige Arbeitssuche seelische und praktische Unterstützung bekommt oder ob sein ohnehin belastetes Selbstbewußtsein zusätzlich untergraben wird.

Der soziologische und psychologische Hintergrund unterstreicht die Notwendigkeit für eine möglichst menschliche Form der Kündigung und der in diesem Zusammenhang zu führenden Gespräche, er macht aber auch verständlich, mit welchen Ängsten diese Gespräche auf Seiten derer verbunden sind, die Kündigungen durchführen müssen.

2. Wenn Kündigungen drohen

Kündigungen haben ihre Ursache entweder in der Persönlichkeit bzw. in der Arbeitsleistung des betroffenen Mitarbeiters oder in der wirtschaftlichen Situation des Unternehmens. Für die psychische Lage des Betroffenen mag es unerheblich sein, aus welchen Gründen er seinen Arbeitsplatz verliert; für das Unternehmen und für den, der kündigt, ergeben sich große Unterschiede.

2.1 Kündigung aus individuellen Gründen

Die Kündigungsschutzgesetze haben bewirkt, daß eine individuelle Kündigung aus Gründen der Arbeitsleistung oder des Arbeitsverhaltens nicht aus heiterem Himmel erfolgt. (Ausnahmen bilden nur grobe Dienstverletzungen und die Nichtverlängerung der Probezeit.) Nach Auseinandersetzungen zwischen Mitarbeiter und Vorgesetztem sind Ärger und Unzufriedenheit entstanden, die sich meist schon in Form von Abmahnungen in der Personalakte niedergeschlagen haben.

Für den Vorgesetzten oder Personalverantwortlichen ist die Kündigung häufig der Schlußakt einer Kette von unliebsamen Vorfällen. Er ist deshalb im allgemeinen froh, wenn er dieses Gespräch hinter sich hat und den Arbeitnehmer nicht mehr sehen muß. Trotzdem hat auch ein Mitarbeiter, der die in ihn gesetzten Erwartungen nicht erfüllte, Anspruch darauf, menschlich behandelt zu werden. Er steht nun möglicherweise vor einer ausweglosen Situation, auch wenn er tatsächlich oder vermutlich "selbst schuld hat". In besonderem Maße gilt für diesen Mitarbeiter, daß er klar und realistisch seinen Anteil an der Kündigung erkennt, um sich seine Chancen am Arbeitsmarkt zu erhalten oder sie zu verbessern.

Der Versager als Sündenbock
Für den Vorgesetzten, der sich vielleicht schon lange über den Mitarbeiter geärgert hat oder gerade schwer von ihm enttäuscht

worden ist, wird es besonders schwierig sein, eine verständnisvolle Haltung einzunehmen. Dennoch sollte er sich auch in diesem Fall bemühen, in seinem Gesprächspartner nicht nur die Quelle seines Ärgers und seiner Enttäuschung, sondern auch den Menschen zu sehen, der offenbar versagt hat.

Das deutsche Wort Ent-Täuschung ist sehr aufschlußreich. Es bedeutet, daß wir einer Täuschung erlegen waren, und nun wird der Vorhang vor unseren Augen weggerissen, wir sehen die Realität. Das deutet darauf hin, daß der Enttäuschte seinen eigenen Anteil an der Ent-Täuschung hat. Er war es nämlich, der sich getäuscht hat oder sich hat täuschen lassen. Dieses Eingeständnis, daß nicht nur der andere schuld hat, sondern daß man selbst nicht genügend aufmerksam war, daß man möglicherweise warnende Hinweise nicht ernst genommen hat, sich vielleicht, aus welchen Gründen auch immer, etwas vorgemacht hat - dieses Eingeständnis ist unangenehm. Leichter ist es dann schon, auf den anderen sauer zu sein und ihm die ganze Verantwortung für das Unglück in die Schuhe zu schieben.

Für die meisten Führungskräfte bleibt es eine Ausnahme in ihrem Leben, eine Kündigung aus individuellen Gründen auszusprechen. Der Vorgesetzte kann danach wieder zur Tagesordnung übergehen und wird meist die unangenehmen Gefühle, die zurückgeblieben sind, abschütteln in der Hoffnung, daß er sobald nicht wieder ein solches Problem zu lösen hat. Aber reicht das aus? Unabhängig von der arbeitsrechtlichen Fragestellung empfiehlt es sich, darüber nachzudenken, ob nicht auch beim Vorgesetzten Anteile für die haltlose Entwicklung lagen. Hat er sich frühzeitig genug um den Mitarbeiter gekümmert? Hätte er früher das Fehlverhalten erkennen können, bevor es zu spät war? Hat er sich getäuscht oder täuschen lassen? Hat er den Mitarbeiter unter- oder überfordert? Hat er ihm die Unterstützung zukommen lassen, die er gebraucht hätte, um seine Aufgabe erwartungsgemäß zu erfüllen?

Es lohnt sich, sich selbst diese Fragen ehrlich zu beantworten, denn sie sind der erste Schritt, um sich vor weiteren Führungsfehlern zu schützen. Ganz selten ist der Bruch einer Beziehung – und auch ein Arbeitsverhältnis ist eine zwischenmenschliche Beziehung – nur einer Seite anzulasten, so als ob die andere Seite an dem Desaster völlig unbeteiligt sei, auch wenn es sich arbeitsrechtlich anders darstellen mag.

Herrn Jägers Weg in die Katastrophe

Vergegenwärtigen wir uns diese Problematik an einem Beispiel:
Vor drei Jahren suchte Herr Gruber, Leiter der Abteilung Marketing, dringend einen Controller. Er stand unter erheblichem
Druck, das Projektcontrolling zu verbessern, und in der Not fiel
seine Wahl auf Herrn Jäger, einen seiner Mitarbeiter. Auch ihm,
wie seinem Vorgesetzten Herrn Klages, schien Herr Jäger nur bedingt geeignet, aber er war ihm persönlich sympathisch, und er
stellte sich vor, daß Herr Jäger die Aufgabe mit seiner, Herrn Grubers, Hilfe bewältigen würde.

In der Einarbeitungsphase nahm sich Herr Gruber viel Zeit für
Herrn Jäger. Er erarbeitete mit ihm die notwendigen Instrumente,
brachte ihn mit den wichtigsten Gesprächspartnern zusammen,
half ihm bei der Auswertung von Gesprächen. Nach einem halben
Jahr zog er sich mehr und mehr zurück und übertrug dann Herrn
Jäger das Projektcontrolling als selbständige Aufgabe. In dem Delegationsgespräch wurden noch einmal alle Aufgaben durchgesprochen. Herr Jäger zeigte sich überzeugt, daß er die Aufgaben
bewältigen würde.

Nach einem weiteren halben Jahr war der Zustand des Projektcontrollings chaotisch: Die Unterlagen waren unvollständig, die
Auswertungen mager und viele Gesprächspartner über Herrn Jägers arroganten Ton verärgert. Herr Klages empfahl Herrn Gruber, Herrn Jäger mit einer einfacheren Aufgabe zu betrauen und
sich einen neuen Projektcontroller zu suchen. Aber Herr Gruber
hatte viel Energie in Herrn Jäger investiert, und sie waren sich in
der engen Zusammenarbeit auch persönlich näher gekommen. Er
wollte ihn nun nicht fallen lassen. Er führte also noch einmal ein
Gespräch, in dem er Herrn Jäger in freundschaftlichem Ton auf
seine Versäumnisse hinwies. Er deutete an, daß er zwar selbst auch
nicht mit der Aufgabenerledigung durch Herrn Jäger einverstanden sei, daß er aber Herrn Klages' Kritik für überzogen hielt. Trotz
seiner Intervention verbesserte sich das Projektcontrolling nicht.
Im Gegenteil: je nachlässiger Herr Jäger wurde, desto arroganter
trat er nach außen auf. Er schien sich der Unterstützung durch Herrn
Gruber sehr sicher zu sein.

Herr Klages griff nun selbst ein: Er zitierte Herrn Jäger zu sich und
drohte ihm unter Bezug auf die Gespräche mit Herrn Gruber Konsequenzen an, falls sich seine Arbeitsleistung und -haltung nicht

innerhalb von sechs Wochen erkennbar verändere. Herr Jäger
schien aus allen Wolken zu fallen und verteidigte sich vehement
gegen die Vorwürfe. Herr Klages ging darauf nicht weiter ein und
beendete das Gespräch.

Herr Jäger glaubte, mit seiner Rechtfertigung Herrn Klages überzeugt zu haben, und sah deshalb keinen Grund, sein Verhalten
zu ändern. Um so erstaunter war er, als er nach zwei Monaten eine formelle Abmahnung erhielt. Empört ging er damit zu Herrn
Gruber. Dem war dieser Vorgang ungeheuer peinlich, denn tatsächlich war er von der Abmahnung, die Herr Klages verlangt hatte,
unterrichtet, hatte sich aber gescheut, Herrn Jäger zu informieren.
In seiner Hilflosigkeit ging Herr Gruber zum Gegenangriff über:
Er fühle sich von Herrn Jäger ausgenutzt und mißbraucht; er habe ihn schließlich mehrfach in aller Freundschaft auf seine Nach-
lässigkeiten hingewiesen, aber ohne jeden Erfolg; nun könne er
Herrn Jägers Fehlverhalten nicht mehr decken; er werde nun eine
ganz formale und korrekte Haltung gegenüber Herrn Jäger ein-
nehmen und ihm auch nicht mehr, als es seine Aufgabe als Vorgesetzter sei, helfen. Er solle nun selbst sehen, wie er damit fertig
würde.

Herr Jäger reagierte trotzig und verletzt. Er vermutete Intrigen von
Kollegen hinter dem Konflikt und verbrachte mehr und mehr Zeit
mit der Suche nach vermeintlich Schuldigen. Herrn Gruber ging
er aus dem Weg. Nach weiteren sechs Wochen erhielt er die Kündigung in einem eingeschriebenen Brief. Bis zu seinem Ausscheiden
aus dem Unternehmen wurden ihm einige belanglose Aufgaben
übertragen, die er ohne Begeisterung mehr schlecht als recht aus-
führte. Herr Jäger war danach ein Jahr arbeitslos, bis er als Versicherungsvertreter eine neue Aufgabe fand.

An diesem Beispiel wird deutlich, daß die Katastrophe sehr viel-
schichtige Gründe hatte. Sie begann schon mit der Stellenbeset-
zung. Die Vorgesetzten waren von der Qualifikation des Mitarbeiters nicht überzeugt, aber es bestand Handlungsdruck, und so
gaben sie sich mit einer bedenklichen Personalentscheidung zu-
frieden. Statt diese Bedenken Herrn Jäger gegenüber deutlich zu
benennen und ihm die neue Aufgabe zunächst kommissarisch zu-
zuweisen, so daß er nach einer gewissen Zeit gegebenenfalls ohne Gesichtsverlust seine frühere Aufgabe wieder hätte übernehmen können, setzte Herr Gruber alles auf die eine Karte. Es wurde

für ihn mehr und mehr eine Frage des Prestiges, in seiner Entscheidung richtig gelegen zu haben. Herr Jäger hatte dadurch das Gefühl, daß er das volle Vertrauen seiner Vorgesetzten genieße.

In der Folge versäumte es Herr Gruber, Herrn Jäger gegenüber seine Zweifel deutlich auszusprechen. Sein Unbehagen versteckte er hinter einer betont freundlichen und hilfsbereiten Haltung, durch die sich Herr Jäger voll bestätigt fühlte. Die Unzufriedenheit von Herrn Klages spielte er herunter und ließ damit Herrn Jäger im unklaren über den Ernst der Lage.

Aber auch Herr Klages hatte einen Anteil an dieser Fehlentwicklung: Statt Herrn Gruber auf seinen Führungsfehler anzusprechen und ihn aufzufordern, die Probleme, die dieser mit Herrn Jäger hat, zu lösen, nahm er nun das Heft selbst in die Hand. Seine Aussagen waren zwar klar und deutlich, aber er war wahrscheinlich inzwischen sowohl über Herrn Jäger als auch über Herrn Gruber so verärgert, daß er nur noch wenig Kommunikationsbereitschaft zeigte. Er machte sich nicht klar, daß Herrn Jäger die Anschuldigungen völlig unvorbereitet trafen und er sie deshalb vermutlich gar nicht richtig mitbekam. So kam es zu dem anschließenden Mißverständnis, in dem Herr Jäger glaubte, Herrn Klages überzeugt zu haben.

In der Schlußphase schien zumindest Herr Gruber so viel an Schuldgefühlen angesammelt zu haben, daß sein bisher freundliches und zugewandtes Verhalten Herrn Jäger gegenüber ins Gegenteil umschlug. Auf allen Seiten entstanden nun Gefühle der Hilflosigkeit, weil jeder für sich spürte, versagt zu haben. Hilflosigkeit ist aber, wie wir noch sehen werden, in unserer Arbeitswelt ein äußerst unangenehmes Gefühl, das meist in aggressives Verhalten umschlägt.

In diesem Beispiel ist unbestritten, daß der Mitarbeiter die ihm gestellte Aufgabe nicht erfüllt und keine Bereitschaft gezeigt hat, sein Verhalten zu ändern. Es ist aber nicht auszuschließen, daß bei einem offenen und klaren Führungsverhalten das Arbeitsverhältnis nicht in einer Katastrophe hätte enden müssen. Am Ende ist nicht nur Herrn Jägers Berufsweg ein Scherbenhaufen, sondern die Allgemeinheit muß durch die Arbeitslosenversicherung diese Fehler mitfinanzieren. Und zumindest auch Herrn Grubers Image als Führungskraft dürfte angekratzt sein.

2.2 Die betriebsbedingte Kündigung

Anders liegen für den Kündiger die Verhältnisse, wenn die Kündigung aus der wirtschaftlichen Lage des Unternehmens heraus erfolgt. Zum einen liegt bei dem zu Kündigenden kein persönliches Fehlverhalten vor, zum anderen ist der Entscheidungsspielraum des unmittelbaren Vorgesetzten meist viel geringer. So kann er sich einerseits nicht in den Ärger auf den Mitarbeiter flüchten, um sein schlechtes Gewissen zu beruhigen, andererseits fühlt er sich meist viel hilfloser als im Fall einer individuellen Kündigung. Er selbst ist ebenso Opfer einer von ihm nicht zu beeinflussenden Entwicklung wie der Gekündigte. Und das gilt nicht nur für den "kleinen" Abteilungsleiter, der die Anordnungen der Geschäftsführung ausführt. Es gilt auch für die scheinbar allmächtigen Vorstände und Eigentümer, die sich ohnmächtig der allgemeinen oder speziellen wirtschaftlichen Lage gegenüber sehen.

Ohnmacht ist jedoch eines der Gefühle, die am ängstlichsten verborgen werden. So versucht man, sich hinter "objektiven" Zahlen zu verstecken, die scheinbar oder tatsächlich keine andere Wahl lassen. Aus diesem Grund mag manchem Vorgesetzten die Kündigung aus betrieblichen Gründen leichter fallen als die Kündigung aus individuellem Anlaß, denn er muß für seine Entscheidung keine persönliche Verantwortung übernehmen. Sie ist ein "Sachzwang", der sich seinem Einfluß entzieht. Aber spätestens dann, wenn er eine Auswahl unter Mitarbeitern treffen muß, holen ihn seine Ohnmachtsgefühle wieder ein.

Am Anfang stehen immer Zahlen
Die Zahlen, auf deren Grundlage Personalreduktionen geplant werden, sind zumeist von der für die Unternehmensplanung zuständigen Stelle in einem Unternehmen erstellt worden. Das kann der Eigentümer oder Geschäftsführer sein, in größeren Unternehmen sind es meist Stabsstellen, die Controlling-, die Finanz- oder Personalabteilung.

In diesen Statistiken und Entscheidungsunterlagen geht es in der Regel um "Köpfe", um Planstellen, um Produktivitätskennzahlen, um "Einsparungspotentiale", um Umsatz- und Ertragsprognosen. Mit konkreten Menschen hat das alles scheinbar nichts zu tun. Menschen und Maschinen unterscheiden sich nur durch die Art der Kosten, die sie verursachen. Alle betriebswirtschaftlichen Faktoren stehen gleichberechtigt und neutral nebeneinander.

Geschäftsleitungsmitglieder, die auf dieser Grundlage Rationalisierungsentscheidungen treffen müssen, bekennen, daß sie sich in dieser Phase sorgsam gegen Gefühle abschirmen. Gefühle könnten sie irritieren, wenn es darum geht, rationale Entscheidungen zu fällen. Sie sind in erster Linie für das Wohl des Unternehmens verantwortlich. Das Wohl der Menschen in ihrem Unternehmen, die volkswirtschaftlichen und gesellschaftlichen Auswirkungen ihres Handelns dürfen sie nur insoweit berücksichtigen, wie sie das Unternehmensziel nicht gefährden.

Diese Haltung wird oft als emotionale und soziale Kälte ausgelegt, und tatsächlich wirken Manager, die Personaleinsparungen oder den Abbau von Arbeitsplätzen verkünden, häufig kalt und unberührt. Eine Reihe von beschönigenden Begriffen helfen ihnen inzwischen dabei, sich vor störenden Gefühlen zu schützen. So wird nicht von "Kündigung", sondern von "Freisetzung" gesprochen; es finden keine Werkschließungen statt, sondern es wird eine "Konzentration der Produktion" vorgenommen; es werden keine Regionen entindustrialisiert, sondern man "paßt sich den infrastrukturellen Bedingungen an". Häufig genug gelingt es, diese Verschleierungen in den allgemeinen Sprachgebrauch einzuführen. Sie werden von den Medien übernommen, und die dahinter liegenden menschlichen Schicksale sind wie durch ein Wunder dem Blickfeld entschwunden.

Wir sollten uns hüten, daraus persönliche Vorwürfe gegen die Wirtschaftsführer und ihre Helfer abzuleiten. Sie erfüllen eine Aufgabe innerhalb unseres Wirtschafts- und Sozialsystems, von der wir in guten Zeiten oft und gerne profitieren. Unternehmer und Geschäftsführungen, die das wirtschaftliche Wohl ihres Unternehmens aus den Augen verlieren, werden nicht nur in die Wüste geschickt, sie werden auch in der Öffentlichkeit empört kritisiert und der Unfähigkeit bezichtigt. Es ist nicht die Kälte der Wirtschaftsführer, die uns schocken sollte, es ist die Kälte, die unser Wirtschaftssystem ausstrahlt. Es scheint so, daß wir die Wohltaten dieses Systems nicht genießen können, ohne seine Schattenseiten mit in Kauf nehmen zu müssen.

Geht es in Planungs- und Geschäftsleitungssitzungen häufig noch sehr sachlich und unterkühlt zu, wenn Entscheidungen über die Reduktion der Personalkosten geführt werden, so wird es meist dramatischer, wenn die Arbeitnehmervertretungen zum Zuge kom-

men. In unserer gesellschaftlichen Arbeitsteilung sind Betriebsräte und Gewerkschaften für die menschlichen und sozialen Aspekte des Problems zuständig. Sie haben sich diese Verantwortung
mühsam erkämpft, und gäbe es sie nicht, dann kämen Unternehmensleitungen in einen unangenehmen Rollenkonflikt: Sie müßten sowohl die Interessen der Kapitaleigner wie die der Mitarbeiter vertreten.

Aber auch hier haben wir es mit einer Schattenseite zu tun: Indem
die Arbeitnehmervertreter auf allen Ebenen für die sozialen Probleme zuständig sind, können sich die Unternehmer von dieser
Frage entlasten. In dem klassischen (positiven) Bild des patriar-
chalischen Unternehmers waren beide Seiten noch vereint. Er fühlte sich für das Wohl des Unternehmens und der Mitarbeiter zuständig, wobei er die Rahmenbedingungen festlegte. Aus guten
Gründen haben wir eine rationalere Wirtschaftsorganisation entwickelt, aber sie führt dazu, daß sich viele Unternehmer – von
rühmlichen Ausnahmen abgesehen – nur dann und in dem Umfang mit den sozialen und menschlichen Auswirkungen ihrer Entscheidungen auseinandersetzen, wie sie ihnen von den Arbeitnehmervertretungen aufgezwungen werden. Und in Phasen
wirtschaftlicher Schwäche ist deren Position erfahrungsgemäß
nicht sehr stark.

Je nach Persönlichkeitsstruktur, eigener Geschichte und Verant-
wortungsgefühl von Führungspersonen kann es allerdings in diesen Menschen sehr unterschiedlich aussehen. Daß Gefühle nicht
gezeigt werden, muß noch nicht heißen, daß sie auch nicht vorhanden sind. Ein Vorstandsvorsitzender eines westdeutschen Unternehmens, der jetzt dem Vorstand eines Weltkonzerns angehört,
hat einmal glaubhaft versichert, daß die Schließung eines Betriebs
mit der Entlassung einiger tausend Mitarbeiter die schwerste Aufgabe in seiner Laufbahn war und daß er die Betriebsversammlung,
auf der er diese Maßnahme zu vertreten hatte, zu den schwärze-
sten Stunden seines Lebens zählt.

Es ist menschlich verständlich, wenn sich Führungskräfte in der
Wirtschaft von diesen bedrängenden Problemen entlasten, indem
sie die Verantwortung den Arbeitnehmervertretungen überlassen.
Aber ist das wirklich eine Lösung? Das zitierte Vorstandsmitglied
konnte noch Jahre nach der bewußten Betriebsversammlung das
Gefühl von Ohnmacht und Hilflosigkeit spüren, das ihn damals

befallen hatte, und er dachte höchst ungern an diese Phase seiner an sich erfolgreichen Vorstandstätigkeit zurück.

Betriebs- und verhaltensbedingte Kündigung lassen sich aber nicht immer eindeutig unterscheiden. Es kommt vor, daß mit einer organisatorischen Maßnahme auch alte Rechnungen beglichen werden oder daß die wirtschaftliche Situation des Unternehmens zum Vorwand genommen wird, unliebsame Mitarbeiter loszuwerden. Für den Betroffenen hat das verheerende Folgen, weil er den Informationen ("Es tut uns außerordentlich leid, daß wir Sie verlieren") nicht mehr trauen kann. Gleichzeitig sind ihm im allgemeinen juristisch die Hände gebunden, weil er sonst seine Abfindung riskieren oder sich dem Unternehmen aufdrängen würde, das ihn anscheinend nicht mehr haben will.

Informationspolitik
Wir haben uns nun die Ängste und Ohnmachtsgefühle vor Augen geführt, die Verantwortliche bei Kündigungen befallen können. Wir haben gesehen, wie sie sich häufig hinter Zahlen und vor ihren Mitarbeitern verstecken und versuchen "durchzutauchen", um selbst mit heiler Haut davonzukommen. Das ist verständlich, aber muß es so sein? An den Tatsachen läßt sich im allgemeinen nicht viel ändern. Wenn betriebsbedingte Kündigungen ausgesprochen werden, ist die wirtschaftliche Seite eingehend geprüft. Die Arbeitnehmervertretungen stimmen einer solchen Maßnahme nicht leichtfertig zu und sorgen auch dafür, daß die sozialen Aspekte bei der Auswahl von zu Kündigenden beachtet werden. Dennoch ist die Form, in der eine Kündigungswelle in einem Unternehmen abgewickelt wird, bedeutsam für das Betriebsklima und damit ebenso für alle Mitarbeiter, ob sie nun weiter dem Unternehmen angehören oder nicht. Eine bedeutende Rolle spielt dabei die Art und Weise, wie über geplante Organisationsänderungen und Personaleinsparungen informiert wird.

Die Informationspolitik wird meist in der Unternehmensspitze festgelegt. In vielen Unternehmen kann man beobachten, daß sie dem Motto folgen; So wenig wie möglich und so spät wie möglich. Diese Haltung ist nicht unverständlich. Die Leitung möchte so lange wie möglich die Betriebsruhe wahren und "keine Pferde scheu machen". Häufig will sie auch nicht frühzeitig ihre Überlegungen offenlegen, um der Arbeitnehmervertretung keine Vorteile zu verschaffen. So werden betriebsbedingte Kündigungen vielfach wie ein Blitzkrieg durchgeführt. "Kurz und schmerzlos" heißt die Devise. Die Folgen sind weder schmerzlos noch von kurzer Dauer.

Tatsächlich entstehen gerade bei einer sehr zurückhaltenden Informationspolitik Gerüchte, die wuchern, je weniger offizielle Verlautbarungen es gibt. Sie wirken meist gründlich: Die Mitarbeiter sind entweder wie gelähmt, sie sitzen an ihren Arbeitsplätzen wie Kaninchen vor der Schlange, und mittel- oder langfristige Verantwortung wird nicht mehr übernommen. Oder es beginnt ein Kampf eines jeden gegen jeden. Jeder versucht, sich im letzten Moment noch Vorteile im Kampf um den Arbeitsplatz zu verschaffen. Das verführt zur Hektik und zerstört jede Kooperation. Nicht nur die einzelnen Mitarbeiter und die persönlichen Beziehungen leiden darunter, sondern das Unternehmen insgesamt kann nachhaltigen Schaden erleiden.

Sobald betrieblich bedingte Kündigungen ins Haus stehen, ist nichts mehr, wie es einmal war. Der Arbeitsrhythmus gerät aus dem Takt, der Nachhall ist nicht zu überhören. Die verbleibenden Mitarbeiter registrieren sehr genau, wie mit ihren zum Ausscheiden gezwungenen Mitarbeitern umgegangen wird, ob sie in diesem Unternehmen mit Fairneß rechnen können, ob sie als Menschen oder nur als Kostenfaktor eine Rolle spielen. Diese Phase ist eine wichtige Bewährungsprobe für das Betriebsklima. In ihr können Erfolge jahrelanger betrieblicher Sozialarbeit zunichte gemacht werden. Wer die Ansicht vertritt, Betriebsklima sei etwas für Schönwetterzeiten, in schlechten Zeiten reiche die Angst vor dem Verlust des Arbeitsplatzes zur Motivation, der verwechselt seine Mitarbeiter mit Raubtieren, die man mit Zucker und Peitsche dressieren muß. Qualitativ hochwertige Leistungen kann man von Mitarbeitern, die so behandelt werden, nicht erwarten.

Schon im Hinblick auf die verbleibenden Mitarbeiter sollte also eine Informationspolitik nach dem entgegengesetzten Motto betrieben werden: So früh wie möglich und so viel, wie gegenüber dem Markt, dem Unternehmen und dem einzelnen verantwortbar ist. Aber nicht nur der Inhalt der Information ist entscheidend, sondern gerade in diesem Falle auch die Form. Betriebsversammlungen sind sicher notwendig, aber für eine Erstinformation sind sie meist nicht gut geeignet. Zu viele persönlich interessierende Fragen bleiben in Betriebsversammlungen unbeantwortet, zu leicht kommt es zu Mißverständnissen, zu Ärger, Frust, Resignation und politischen Auseinandersetzungen, in denen die Taktik eine größere Rolle spielt als das Schicksal einzelner Mitarbeiter. Wichtiger ist der Weg über die Führungskräfte. Je besser sie bisher schon in die Informationspolitik des Unternehmens eingebunden waren, desto eher wird das jetzt klappen. Für die frühe Einbeziehung der Führungskräfte sprechen gleich mehrere Gründe: Erstens wird die Autorität von Vorgesetzten massiv untergraben, wenn sie genauso schlecht informiert sind wie ihre Mitarbeiter. Je stärker sich die Mitarbeiter darauf verlassen können, daß ihre Vorgesetzten rechtzeitig informiert werden, desto mehr Vertrauen können sie zu ihnen haben und desto weniger wird die Motivation der Mitarbeiter belastet, denn die Beziehung zum Vorgesetzten stellt den wichtigsten Motivationsfaktor für Mitarbeiter dar.

Zweitens sind Führungskräfte ja auch selbst betroffen. Entweder ist ihr eigener Arbeitsplatz ebenfalls in Gefahr, oder ihre Mitarbeiter stehen zur Disposition, oder Bereiche, mit denen sie kooperieren, werden reduziert. Wenn sie selbst oder die ihnen unmittelbar zugeordneten Personen für Kündigungen in Frage kommen, müssen sie die Möglichkeit haben, sich innerlich darauf einzustellen. Auch von Führungskräften kann nicht erwartet werden, daß sie sich loyal gegenüber ihrem Unternehmen verhalten, wenn das Unternehmen sie in ihrer Führungsaufgabe nicht ernst nimmt und nicht unterstützt.

Drittens kennen Führungskräfte ihre Mitarbeiter am besten. Sie wissen am ehesten, wie sie Hiobsbotschaften vermitteln können, sie finden am ehesten die richtige Sprache, und sie verfügen über die Personen- und Sachkenntnisse, um Auskünfte über konkrete Konsequenzen geben zu können.

Das bedeutet, daß den Führungskräften diejenigen Informationen zur Verfügung gestellt werden müssen, die sie brauchen, um ihren Mitarbeitern klaren Wein einzuschenken. Das sind Informationen über :

■ die gegenwärtige Unternehmenssituation und ihre Entstehung

■ die Entwicklungsperspektiven einschließlich der Maßnahmen, die über die Kündigungen hinaus ergriffen werden

■ die betroffenen Unternehmensbereiche und den Umfang des Personalabbaus

- die Kriterien, nach denen Personen oder Bereiche zum Abbau ausgewählt werden

- den Stand der Verhandlungen mit den Arbeitnehmervertretungen

- den Stand der Verhandlungen mit regionalen Kooperationspartnern und Einrichtungen der Arbeitsmarktverwaltung

- Perspektiven für die abzubauenden Mitarbeiter (z.B. andere Angebote innerhalb des Unternehmens oder der Unternehmensgruppe)

- die Strategien, mit der diese Informationen an die Mitarbeiter weitergegeben werden sollen.

Ein Grund für eine verzögerte Unterrichtung der Mitarbeiter liegt häufig darin, daß die Unternehmensleitung erst alle Einzelfragen geklärt haben möchte, ehe sie umfassend informiert. Dem steht allerdings die Gerüchteküche mit ihren Verunsicherungen entgegen, wenn Informationen auf sich warten lassen. Ist erst einmal Unruhe aufgetreten, dann vermögen meist auch umfassende Erklärungen nicht mehr, Mißtrauen abzubauen. Besser ist es deshalb meist, wenn zu einem frühen Zeitpunkt der jeweilige Stand der Informationen mitgeteilt und gesagt wird, wann mit weiteren Aussagen gerechnet werden kann. Es ist Führungskräften auch zuzumuten, daß ihnen Informationen vertraulich gegeben werden. Sie können sie dann zwar nicht weitergeben, aber sie fühlen sich ernst genommen und können so Vertrauen bei ihren Mitarbeitern ausstrahlen.

Je nach Unternehmensgröße, Umfang der Kündigungen und Unternehmenskultur wird es noch weiteren allgemeinen Mitteilungsbedarf geben, aber in keinem Unternehmen, und sei es auch noch so klein, sollten Führungskräfte aus diesem Informationsprozeß ausgeschaltet werden.

Unterstützung der Führungskräfte
Auch Führungskräfte sind nur Menschen. Auch sie geben lieber positive Informationen weiter als schlechte Nachrichten. Selbst wenn sie gut informiert sind, fällt es ihnen schwer, den eigenen Mitarbeitern mitzuteilen, daß mehrere von ihnen entlassen werden müssen, daß sie mit finanziellem Abbau zu rechnen haben oder gar, daß der ganze Bereich aufgelöst wird. Sie brauchen Un-

terstützung von ihrem Unternehmen, um diese für den einzelnen Betroffenen wie auch für das Unternehmen insgesamt so tiefgreifende Aufgabe angemessen lösen zu können.

Es hängt vom Stand der Führungskräftequalifikation ab, worin diese Unterstützung bestehen muß. Es gibt Unternehmen, die ihre Führungskräfte sehr umfangreich auf ihre Führungstätigkeit vorbereiten und sie darin auch begleiten. Wohl in allen Fortbildungen nimmt das Mitarbeitergespräch einen prominenten Platz ein. Im allgemeinen lernen hier Führungskräfte, auch mit unangenehmen Situationen umzugehen. Unterschiedlich ist allerdings, ob ihnen überwiegend Gesprächstechniken vermittelt werden, die sie oft mechanisch anwenden, oder ob sie mit dem vertraut gemacht werden, was Mitarbeiterführung unangenehm macht: nämlich Konflikte auf der Gefühls- und Beziehungsebene.

Für Kündigungsgespräche gibt es keine Standardtechniken. Folglich versagen in diesen Extremfällen antrainierte Gesprächsformeln. Mitarbeiter, bemerken sehr schnell, ob sich ihr Vorgesetzter wirklich auf das Geschehen innerlich einläßt oder ob er sich in Floskeln, Ausreden, Beschuldigungen und Rechtfertigungen flüchtet. Die nächsten beiden Kapitel dieses Buchs wollen eine Einführung in solche Gespräche geben und Hilfen für ihre Durchführung vermitteln.

Aber auch dann, wenn Führungskräfte für ihre Führungstätigkeit gut qualifiziert sind: Kündigungsgespräche sind immer ein Sonderfall. Ein junger, psychisch sehr stabiler Mann in den neuen Bundesländern sagte mir kürzlich, er habe seine Führungstätigkeit gerne ausgeübt, aber nachdem er über hundert Kündigungsgespräche führen mußte, sei er am Ende; lieber lasse er sich selbst kündigen, als daß er noch weitere Gespräche dieser Art führe. (Gott sei Dank fand sich in dem Unternehmen eine passende Position für ihn).

Es ist keine Frage, daß es sich um eine Ausnahmesituation handelt, wenn ein Vorgesetzter oder Personalverantwortlicher in größerem Umfang Kündigungen aussprechen muß, und dieser Extremsituation muß in besonderem Maße Rechnung getragen werden.

Eine Form, die sich besonders für gut geübte Führungskräfte eignet, die schon Erfahrung im Umgang mit der Gefühls- und Beziehungsebene haben, ist der Erfahrungsaustausch in Gruppen. In ihnen treffen sich betroffene Führungskräfte mit oder ohne einen psychologisch geschulten Leiter, um sich gegenseitig ihre Erfahrungen, ihre Ängste und ihre "Erfolge" mit Kündigungsgesprächen mitzuteilen.

Diese Form des Erfahrungsaustauschs wird häufig abfällig als "Ausweinen" oder "Dampf ablassen" bezeichnet. Sie hat aber eine nicht zu unterschätzende psychologische Bedeutung. Nicht über Belastungen sprechen zu können führt zu einem inneren Stau, der sehr wohl auch psychosomatische Folgen haben kann, wie herabgesetzte Leistungsfähigkeit, Magen- und Herzbeschwerden oder Rückenkrankheiten, um nur einige zu nennen. Innere Belastungssituationen schaffen sich Ventile, und wenn sie sich nicht in Krankheit ausdrücken, dann in Überlastung, schlechter Laune, Ungerechtigkeit und Flucht vor den Mitarbeitern. Die wenigsten Unternehmen verfügen über ein Betriebsklima, das es erlaubt, informell mit Kollegen über Dinge zu sprechen, die einen bedrücken. Belastet werden dann meist die Familien zu Hause, sei es, daß sie als Ersatz für mangelnde Gesprächsmöglichkeiten im Betrieb herhalten müssen, sei es, daß sie unter der schlechten Laune des Vaters oder der Mutter zu leiden haben. Es führt sehr leicht zu einem Mißbrauch der Familien durch das Unternehmen, wenn sie als "Schuttabladeplatz" für betriebsbedingte psychische Belastungen des Mitarbeiters dienen.

Erfahrungsaustausch hat also eine entlastende und im gesundheitlichen Sinn präventive Funktion. Sie läßt den Betroffenen erkennen, daß er nicht alleine Schwierigkeiten hat, daß die anderen genauso wenig souverän mit der Situation umgehen, sich genauso schwer tun wie er oder sie selbst. Darüber hinaus kann man in solchen Gruppen voneinander lernen. Was sich beim einen bewährt hat, könnte auch dem anderen nützen. Nichts ist so lehrreich wie die Praxis. Außerdem kann man sich in einer Erfahrungsaustauschgruppe auf die eine oder andere Weise auf besonders schwierige Gespräche vorbereiten. Man kann im Austausch miteinander die sachlichen Fragen von allen Seiten beleuchten, gemeinsam Überlegungen über den Gesprächspartner anstellen, oder man kann sich – wenn die Gruppe darin über Erfahrungen verfügt – mit Hilfe von Rollenspielen einstimmen beziehungsweise besonders schwierige Gespräche noch einmal nachvollziehen.

Schließlich sind solche Maßnahmen, für die das Unternehmen Zeit, Geld, Räume, vielleicht einen erfahrenen Coach zur Verfügung stellt, ein Signal an die Führungskräfte, daß sie von ihrem Unternehmen nicht allein gelassen werden, daß man ihnen nicht die Dreckarbeit überläßt, während sich die Unternehmensleitung hinter Zahlentabellen versteckt.

In Unternehmen mit einer geringeren Qualifikationskultur für Führungskräfte muß mehr getan werden. Vielleicht sind Notlagen wie ein größerer Personalabbau der Anlaß, sich darüber Gedanken zu machen, ob man seine Führungskräfte nicht sträflich vernachlässigt hat. Ein Jahresmeeting, bei dem reichlich Alkohol fließt, reicht für die Entwicklung der Führungsfähigkeit nicht aus. Führen passiert in erster Linie durch Kommunikation. Es ist deshalb dringend erforderlich, Vorgesetzten die Möglichkeit zu geben, ihr Kommunikationsverhalten zu überprüfen und zu verbessern. Zweifellos ist die Zeit jetzt ungünstig (wann ist sie das nicht?), zweifellos muß man gleich am Anfang große Brocken bewältigen, kann nicht mit einfachen Alltagsgesprächen anfangen, aber ein bißchen mehr Sensibilisierung für sich selbst und für den Gesprächspartner, einige Hilfen für die Gespräche und der offene Erfahrungsaustausch der Kollegen untereinander sind schon mehr als gar nichts.

Unternehmenskrisen werden häufig in wirtschaftlicher Hinsicht als Chancen verstanden. Es sollte selbstverständlich werden, in Krisensituationen ein Augenmerk auf die Unternehmens- und Kommunikationskultur zu richten. Wenn hier Defizite auftauchen, sollte möglichst bald mit Maßnahmen zur Verbesserung begonnen werden. Da die Führungskräfte in der Unternehmenskultur eine Schlüsselrolle spielen, muß in erster Linie ihnen die Aufmerksamkeit gelten. Führen kann und muß gelernt werden. Ein Unternehmen, daß in diesem Bereich unachtsam und unsensibel ist, verschenkt nicht nur einen großen Teil seiner Ressourcen, es erleidet auch wirtschaftliche Nachteile, besonders in Notzeiten. Unternehmenskrisen, die zu umfangreichem Personalabbau führen, bringen die Versäumnisse mit aller Deutlichkeit ans Licht. Ein kluger Unternehmer lernt aus seinen Fehlern.

Das regionale Umfeld
Unternehmen leben nicht isoliert in einem Universum für sich. Sie sind eingebettet in ein regionales Umfeld, aus dem sie ihre Ressourcen beziehen (z.b. ihre Arbeitskräfte, Infrastruktur). Andererseits ist das Umfeld auch von den Wirtschaftsbetrieben in viel-

fältiger Weise abhängig – von den Steuern bis zum Sportsponsoring. Ein umfangreicher Personalabbau hat deshalb nicht nur Auswirkungen auf den einzelnen entlassenen Mitarbeiter, er wirkt sich, wie wir gerade in der Rezessionsphase der ersten Hälfte der neunziger Jahre sehen, dramatisch auf das regionale Umfeld aus.

Es ist in unserer Wirtschaftsverfassung unüblich, die Region in die Entscheidungen einzubeziehen. Tatsächlich kann sie außer finanziellen Opfern, um einen Betrieb zu retten, auch wirtschaftlich nicht viel beitragen. Aber im regionalen Umfeld kann vielleicht ein Arbeitskräfteaustausch organisiert werden. Manche Unternehmen, die über ihre Betriebsmauern hinausblicken, organisieren heute so etwas schon und vermeiden damit, daß gut qualifizierte Arbeitskräfte aus dem regionalen Arbeitsmarkt ausscheiden. In Zusammenarbeit mit den anderen Wirtschaftsunternehmen der Region können manche Ideen entstehen und realisiert werden, zu denen ein einzelnes Unternehmen nicht in der Lage wäre. Beschäftigungsgesellschaften, Weiterbildungsmaßnahmen und Scheinfirmen können beispielsweise Einrichtungen sein, in denen Mitarbeiter "geparkt" werden.

In der Region gibt es auch in der Regel ein engmaschiges Netz von Sozialeinrichtungen. Auch hier ist eine fruchtbare Zusammenarbeit denkbar, denn für viele Gekündigte sind der Verlust einer sinnvollen Tätigkeit und die Vereinsamung eine noch größere Gefahr als die finanziellen Einbußen. In Zusammenarbeit mit den Sozialeinrichtungen einer Region können viele sinnvolle Ideen entwickelt werden, wenn sich die Unternehmen als kooperationsbereit erweisen. Gerade in den Fällen, in denen mit Hilfe des Abbaus von Arbeitsplätzen strukturelle Bereinigungen durchgeführt werden sollen, sind meist auch Finanzmittel vorhanden, um solche Einrichtungen, die Arbeitslose eine sinnvolle Gestaltung ihrer vielen freien Zeit anbieten, zu unterstützen. Trotz der vielzitierten Sozialverantwortung der Unternehmer wird es noch immer überwiegend dem Staat und den Wohlfahrtseinrichtungen überlassen, die Folgen der Arbeitslosigkeit zu bewältigen. "Unwirtschaftliche", aber öffentlich notwendige Tätigkeiten, wie wir sie von ABM-Maßnahmen her kennen, könnten auch von der Wirtschaft initiiert und (mit)finanziert werden.

Aus den Augen – aus dem Sinn?
Wer schon mehrere Rezessionsphasen miterlebt hat, weiß, daß
bisher nach einem Abschwung immer auch ein Aufschwung kam.
Bisher war der Aufschwung stets mit einem Personalanbau verbunden. Ob das diesmal wieder so ist, darüber streiten sich zur Zeit
die Gelehrten, aber ganz auszuschließen ist es nicht, daß bei ver-
besserter Auftragslage auch diesmal wieder Arbeitskräfte eingestellt werden. Mancher Unternehmer hat es schon bereut, in Phasen angespannter Wirtschaftslage gute Fachkräfte verloren zu
haben, die er später wieder dringend gebraucht hätte. Mit der Haltung "Aus den Augen – aus dem Sinn" schaden also Unternehmen
nicht nur ihren Mitarbeitern, sondern häufig auch sich selbst.

Zeiten des reduzierten Arbeitsanfalls sind vorzüglich Zeiten der
Weiterbildung. Gerade wenn mit dem Personalabbau technische
und organisatorische Umstrukturierungen verbunden sind, werden erfahrungsgemäß nach erfolgtem Veränderungsprozeß Mitarbeiter mit einem veränderten Qualifizierungsprofil gebraucht.
Großunternehmen nutzen bereits vielfach die Chance, in solchen Zeiten besonders die Weiterbildung zu intensivieren. Kleine und mittlere Unternehmen tun sich da schwerer, weil gerade in
angespannter Wirtschaftslage die finanziellen Mittel dazu fehlen.
Ihnen könnte eine enge Zusammenarbeit mit öffentlich finanzierten
Weiterbildungseinrichtungen in der Region nützen, indem sie ihren
zu erwartenden Qualifikationsbedarf dort anmelden, so daß Weiterbildungsmaßnahmen praxisgerecht angeboten und durchgeführt werden können. Die Zusammenarbeit könnte noch intensi-
viert werden durch das Gewähren finanzieller Unterstützung, das
Bereitstellen von Räumen, Arbeitsmaterialien und Spezialma-
schinen, oder erfahrene Mitarbeiter des Unternehmens übernehmen selbst Weiterbildungsaufgaben. Um mit den gekündigten Mitarbeitern in Kontakt zu bleiben, werden diese gezielt auf die
Weiterbildungsmaßnahmen hingewiesen.

Wer sich in seinem Umfeld umsieht und ein wenig Phantasie entfaltet, wird vielfältige Möglichkeiten der Zusammenarbeit ent-
decken, die dem Unternehmen, aber auch den Menschen helfen
können, die ihren Arbeitsplatz verlieren.

2.3 Zusammenfassung und Ausblick

In den beiden vorigen Kapiteln haben wir versucht, den Hintergrund aufzuzeigen, auf dem Kündigungsgespräche geführt werden. Im ersten Kapitel ging es um die soziale und psychologische Situation des Arbeitslosen und damit um die Ängste, die bei einer Kündigung auftreten. Im zweiten Kapitel haben wir Maßnahmen aufgezeigt, die rund um die Kündigungen ergriffen werden können, um Brücken für Arbeitslose und Unternehmen zu bauen. In den beiden folgenden Kapiteln möchten wir uns mit dem Kündigungsgespräch selbst befassen, also der Situation, in der ein Vorgesetzter oder ein Personalverantwortlicher einer Mitarbeiterin oder einem Mitarbeiter gegenüber sitzt und hautnah mit den Problemen und Gefühlen konfrontiert ist, die mit einer als Katastrophe empfundenen Situation verbunden sind.

Wenn Sie sich schon intensiver mit dem Mitarbeitergespräch befaßt haben, wenn Sie an Kommunikations- oder Führungsseminaren teilgenommen oder sich persönlich auf diesem Gebiet weitergebildet haben, dann wird es Ihnen gelingen, den einen oder anderen Vorschlag, den wir Ihnen für solche Gespräche machen, in die Praxis umzusetzen.

Wenn Sie noch keine Erfahrung auf diesem Gebiet haben, dann mag das übernächste Kapitel für Sie hilfreich sein. Es gibt Ihnen eine Einführung in das Mitarbeitergespräch in Aufbau und Form und schlägt Ihnen einige Übungen vor, die Ihnen helfen können, das Gelesene praktisch anzuwenden. Falls also diese Art von Gesprächsführung für Sie neu ist, empfehlen wir Ihnen, das 4. Kapitel erst zu lesen und sich dann dem Kündigungsgespräch in Kapitel 3 zuzuwenden.

Das Kündigungsgespräch

3. Reaktionsmuster

Einem Mitarbeiter einen "blauen Brief" zu übergeben gehört zu den unangenehmsten Führungsaufgaben, die man sich vorstellen kann. Auch die versierteste Führungskraft tut sich da schwer. Da diese Aufgabe objektiv schwierig ist, gibt es keine Patentrezepte, um sie zu lösen. Trotzdem wollen wir versuchen, Ihnen einige Hilfen für diese Gespräche zu geben.

Tatsächlich geht es um verschiedene Arten von Gesprächen:

1. das Gespräch wegen einer Kündigung aus individuellen Gründen,

2. das Kündigungsgespräch aus betrieblichen Gründen,

3. das Gespräch zur Vertragsauflösung, bei dem es sich auch um das Aushandeln einer Vorruhestandslösung handeln kann.

Im ersten Gesprächstyp kündigen Sie einem Mitarbeiter aus Gründen, die in seiner Person liegen. Wie wir im zweiten Kapitel gezeigt haben, unterscheidet sich diese Situation emotional sehr von der einer Kündigung aus wirtschaftlichen Gründen. Meist ist ihr eine Auseinandersetzung vorausgegangen, in der sich, zumindest auf Ihrer Seite, viel Ärger aufgestaut hat. Dennoch ist auch diese Kündigung für den Betroffenen ein schwerer Schlag, und er wird sich ähnlich hilflos fühlen wie ein Kollege, dessen Arbeitsplatz der wirtschaftlichen Lage "geopfert" wird.

Die zweite und die dritte Kündigungssituation unterscheiden sich meist nur in formaler Hinsicht: Während es sich bei einem Kündigungsgespräch – sei es aus persönlichen oder betrieblichen Gründen – um einen einseitigen Akt des Arbeitgebers gegenüber dem Arbeitnehmer handelt, sitzen sich bei einem Gespräch über die Auflösung eines Arbeitsvertrags zwei gleichberechtigte Partner gegenüber. Viele Unternehmen versuchen aus optischen Gründen, eine Kündigung zu vermeiden, und trachten deshalb danach, zu einer einvernehmlichen Vertragsauflösung zu kommen. In der Praxis haben diese beiden Gesprächsformen aber eine sehr ähnliche Problematik: Der Mitarbeiter soll aus dem Unternehmen ausscheiden, und auch bei einer Vertragsauflösung ist der Verhandlungsspielraum häufig denkbar gering. Wir sprechen deshalb im folgenden von "Kündigungsgesprächen", auch wenn wir beide Gesprächsformen meinen, und weisen an den entsprechenden Stellen auf mögliche Unterschiede hin.

In keinem dieser Fälle wird ein solches Gespräch für Sie einfach sein. Schon in Ihrem eigenen Interesse sollten Sie gut für sich sorgen und sich positive Gesprächsbedingungen herstellen, mit denen Sie auch dem oder der Betroffenen im Rahmen des Möglichen nützen.

3.1 Gesprächshaltung – Gesprächsatmosphäre

Für beide Gesprächspartner, Vorgesetzte(r) und Mitarbeiter(in), ist dies ein unangenehmes Gespräch – und beide wissen das. Vielleicht haben Sie das Bedürfnis, "es kurz und schmerzlos" zu machen. Aber es verringert den Schmerz nicht, wenn ein solches Gespräch zwischen Tür und Angel geführt wird. Im Gegenteil, die Mitarbeiterin oder der Mitarbeiter werden sich noch stärker abgeschoben und abgewertet vorkommen.

Versuchen Sie also, eine persönliche Gesprächsatmosphäre herzustellen. Das heißt, nehmen Sie sich Zeit für das Gespräch, muten Sie sich nicht zu viele Gespräche an einem Tag zu, und sorgen Sie dafür, daß Sie allein sind. Sie müssen damit rechnen, daß ein solches Gespräch – auch wenn die oder der Betroffene schon weiß, was kommt – heftige Gemütsbewegungen auslöst. Das ist nicht angenehm in Gegenwart von Unbeteiligten.

Falls es in Ihrem Betrieb eine Mitarbeitervertretung gibt, hat der Mitarbeiter das Recht, zu diesem Gespräch ein Mitglied des Betriebsrats hinzuzuziehen. Das wird, wenn der Mitarbeiter von diesem Recht Gebrauch macht, vermutlich den Rahmen des Gesprächs etwas formeller gestalten. Dennoch wird die psychologische Situation ähnlich sein und Ihr ganzes Einfühlungsvermögen verlangen.

3.2 Sender-Empfänger-Modell

Eines der gängigen Kommunikationsmodelle beschreibt die Partner in einem Gespräch als "Sender" und "Empfänger". Ebenso wie beim Fernsehen werden Botschaften übertragen. Botschaften haben meist mindestens zwei Aspekte: einen inhaltlichen und einen emotionalen. Auch das kennen Sie vom Fernsehen. Den Inhalt bekommen Sie über die Worte mit, die gesprochen werden, die Emotionen über den Tonfall, die Lautstärke, die Gesten, den Gesichtsausdruck usw.

Im vorliegenden Fall haben Sie eine unangenehme Botschaft zu überbringen. Sie wird weder Sie noch Ihren Gesprächspartner unberührt lassen. Wir möchten uns mit Ihnen gemeinsam Gedanken machen, was vermutlich in Ihnen und ihrem Gesprächspartner vorgeht und zu welchen Reaktionen Sie beide neigen. Dabei wird es vor allem um die Gefühle gehen, die bei beiden entstehen. An den Tatsachen wird sich nichts ändern lassen, aber mit Gefühlen kann man auf sehr unterschiedliche Weise umgehen.

Vermutlich wird es Gespräche geben, die für Sie leichter sind, und solche, die Ihnen schwerer fallen. Das mag mit Ihren eigenen Gefühlen zu tun haben oder mit der objektiven Situation, in der sich Ihr Gesprächspartner befindet. In diesem Kapitel wollen wir vor allem die schwierige Gesprächssituation besprechen. Wenn Ihre Gespräche einfacher liegen – um so besser.

3.3 Was passiert beim Sender?

Aus der Sicht Ihres Gesprächspartners sind Sie in einer starken Position: Sie scheinen die Macht über das berufliche Schicksal von Mitarbeitern zu haben, Sie können die Kündigung aussprechen oder eine Vertragsauflösung aushandeln, und Sie selbst werden wahrscheinlich Ihren Arbeitsplatz behalten. Sie hingegen fühlen sich vermutlich viel schwächer, als Ihr Gesprächspartner von Ihnen glaubt. Vielleicht würden Sie gerne auf Ihre "Macht" verzichten, wenn Ihnen solche Gespräche erspart blieben. Sie haben also von sich selbst ein ganz anderes Bild, als es möglicherweise Ihr Gesprächspartner von Ihnen hat.

Mitgefühl
Vor allem in Gegenden mit besonders hoher Arbeitslosigkeit werden Sie vermutlich ein starkes Mitgefühl mit Ihrem Gesprächs-

partner empfinden. Darüber hinaus wissen Sie aber, daß Sie nicht oder nur wenig helfen können. Und Sie sind sich vermutlich darüber im klaren, daß an der Reduzierung des Personals kein Weg vorbeiführt, wenn Ihr Unternehmen überleben soll. Das bringt Sie in die Klemme: Ihr Mitgefühl auf der einen Seite, die Einsicht in die Notwendigkeit auf der anderen Seite machen Sie hilflos.

Es ist für eine Führungskraft keine Schande, sich in einer solchen Situation hilflos zu fühlen. Es ist eine angemessene Reaktion auf eine extrem belastende Situation. Objektiv ändert es nichts, aber es mag Ihnen eine gewisse Erleichterung sein, daß es anderen – auch erfahrenen – Führungskräften in einer solchen Situation nicht besser geht. Wer ist schon so abgebrüht, daß ihn ein derartiges Gespräch unberührt ließe?

Diese Gefühle müssen Sie vor Ihrem Gesprächspartner nicht verbergen, und Sie müssen sich für sie nicht entschuldigen. Ihr Gesprächspartner, der ja schließlich die ganze Last der Kündigung zu tragen hat, würde es nicht verstehen, wenn Sie ganz cool blieben.

Schlechtes Gewissen
Zu dieser allgemeinen Ausweglosigkeit mag noch ein weiteres Gefühl kommen, das Ihnen Unbehagen vermittelt: Sie könnten sich schlecht fühlen, weil Sie selbst Ihren Arbeitsplatz behalten, während Ihr Gesprächspartner ihn aufgeben muß. Vielleicht hatten Sie Glück, vielleicht sind Sie schon länger bei Ihrem Unternehmen, sind älter oder haben Familie, vielleicht sind Sie einfach qualifizierter – was auch immer die Gründe sein mögen: Sie können letztlich nur die Verantwortung für Ihr eigenes Schicksal übernehmen. Ihrem Gesprächspartner würde es keinen Zentimeter weiter helfen, wenn es Ihnen auch schlecht ginge. Ihr Mitgefühl ist am Platze, das schlechte Gewissen vermutlich nicht.

Es kann Ihnen allerdings passieren, daß Ihr Gesprächspartner Sie für seine schlechte Situation verantwortlich macht. Er meint vielleicht, Sie hätten mehr für ihn tun können, Sie hätten andere bevorzugt, Sie seien nicht objektiv oder rücksichtsvoll genug gewesen. Ihr Gesprächspartner entzieht sich damit, wie wir zeigen wollen, seinen eigenen unangenehmen Gefühlen – auf Ihre Kosten. Das ist menschlich verständlich, aber wahrscheinlich ungerecht, wenn Sie nach bestem Wissen und Gewissen gehandelt haben. An seinen Gefühlen werden Sie nichts ändern können. Weder können Sie sie ihm ausreden ("Das dürfen Sie so nicht sehen!") noch wird es Ihnen nützen, wenn Sie sich rechtfertigen ("Meine Schuld ist es nicht, daß Sie es nicht geschafft haben!"). Aber Sie können Ihrem Gesprächspartner deutlich machen, daß Sie seine Gefühle verstehen: "Ich kann verstehen, daß Sie wütend (traurig, hilflos, enttäuscht) sind. Ich habe getan, was ich konnte ..." und ihm dann Ihre Entscheidungsgründe darlegen. Auch hier ändert sich an der objektiven Situation nichts, aber es ist menschlich erträglicher, wenn Sie Ihr Verständnis für die Situation und für die Gefühle Ihres Gesprächspartners zeigen.

Bei einer Kündigung, bei der die Ursachen in der Person oder den Leistungen des Betroffenen liegen, kann sich schlechtes Gewissen auch einstellen, wenn Sie sich Ihrer eigenen Versäumnisse bewußt werden. Darüber sollten Sie sich schon vor dem Gespräch Gedanken gemacht haben. Sonst können Sie durch – gerechtfertigte oder ungerechtfertigte – Vorwürfe Ihres Gesprächspartners in arge Bedrängnis geraten.

Verdrängen unangenehmer Gefühle

Wer fühlt sich schon gern schlecht? Wir alle neigen dazu, unangenehme Gefühle beiseite zu schieben und Situationen zu vermeiden, in denen solche Gefühle auftreten könnten. Aber manchmal kommen wir daran nicht vorbei. Dieses Gespräch ist eine solche Situation. Tatsächlich wird es Ihre Gefühle nicht verändern, wenn Sie sich einem Gespräch entziehen. Sie verlagern die Gefühle nur. Am Abend oder wenn Ihnen die Situation Ihres Mitarbeiters einfällt, sind die Gefühle wieder da, und Sie werden sie noch lange mit sich herumschleppen. Ihre Gefühle werden Ihnen wie eine unabgeschlossene Datei in Ihrem Computer immer wieder begegnen. Das können Sie nur vermeiden, indem Sie sich dem Gespräch stellen und Ihre eigenen Gefühle wie die Ihres Gesprächspartners zulassen. Auch wenn Sie objektiv nicht viel helfen können, wird es Ihnen und Ihrem Gesprächspartner gut tun, wenn Sie sich dem Gespräch nicht entziehen.

Vermeiden von Klarheit, um sich unangenehme Gefühle zu ersparen

Es ist schon eine Kunst, in einer solchen Situation die richtigen Worte zu finden. Patentrezepte gibt es eben einfach nicht. Es gibt aber eine Grundeinstellung, mit der Sie an diese Gespräche herangehen können: Klarheit herstellen über die Situation und Klarheit herstellen über Ihre eigenen Gefühle. Das wird Sie davor bewahren, um den heißen Brei herum zu reden und das Gespräch für beide Seiten noch unangenehmer zu machen, als es schon ist. Dabei sind Sie vier Gefahren ausgesetzt, die Sie vermeiden sollten:

Andeutung von Versprechen

Die erste Gefahr liegt darin, vage Möglichkeiten anzudeuten, z.b. "Wenn sich die Situation bessert, sind Sie die/der Erste, den wir wieder einstellen werden." Entweder wecken Sie damit Hoffnungen, die Sie möglicherweise nicht einlösen können, oder, was genau so schlimm ist, Ihr Gesprächspartner glaubt Ihnen kein Wort. Ausreden helfen weder Ihnen noch ihm. Machen Sie also nur Zusagen, die Sie auch einhalten können, und lassen Sie Ihren Gesprächspartner nicht im unklaren über die Chancen, die er hat.

Damit gehen Sie nicht nur den ehrlicheren Weg, Sie helfen auch Ihrem Gesprächspartner damit. Er kann seine Situation realistischer einschätzen und nach neuen Wegen suchen. Er klammert sich nicht an vage Hoffnungen, die ihn wahrscheinlich mehr lähmen als unterstützen.

Herunterspielen der tatsächlichen Situation

Die zweite Gefahr besteht darin, den Ernst der Lage herunterzuspielen ("Es wird nichts so heiß gegessen, wie es gekocht wird.") Zum einen kann Ihr Gesprächspartner seine eigene Situation vermutlich am besten einschätzen, zum anderen stellen Sie Ihre Glaubwürdigkeit aufs Spiel, wenn Sie die Lage Ihres Gesprächspartners verniedlichen. Sie müssen nicht schwarz in schwarz malen, aber sie sollten weder sich noch Ihrem Gesprächspartner etwas in die Tasche lügen. Offenheit und Klarheit werden dem Gesprächsklima nützen und Ihren beruflichen Kontakt auf eine menschliche Weise beenden, so daß Sie sich auch später noch treffen können, ohne sich etwas vorwerfen zu müssen.

Trösten

Kennen Sie den Unterschied zwischen Mitgefühl und Trösten? Wenn ja, können Sie einfach zum nächsten Abschnitt übergehen, denn Sie werden nicht Gefahr laufen, mit billiger Münze zu zahlen. Wenn nicht, sei er kurz erläutert:

Landläufig verstehen wir unter trösten (nicht zu verwechseln mit "Trost spenden") eine Kommunikationsform, in der dem Gesprächspartner seine Gefühle ausgeredet werden und er mit billigen Versprechungen abgespeist wird. Sie kennen das vielleicht aus der Kindererziehung, wenn dem weinenden Kind gesagt wird: "Du mußt nicht traurig sein, wenn Papa und Mama jetzt weggehen. Wenn wir wiederkommen, bringen wir dir auch etwas Schönes mit." Das ändert nichts an den Gefühlen des Kindes, schlimmer noch, es stellt sie auf die Ebene von Süßigkeiten. In einem Kündigungsgespräch könnte ein solcher "Trost" so lauten: "Sie sind doch ein netter Kerl und noch in den besten Jahren. Sicher werden Ihre Vorzüge von anderen erkannt, die Ihnen wieder eine Chance geben." Oder so ähnlich.

Niemandem ist damit geholfen, und Ihr Gesprächspartner fühlt sich mehr auf den Arm genommen (um einen ordinären Begriff zu vermeiden), als daß er beruhigt oder motiviert wäre. Hilfreicher kann hier eine ernst gemeinte Rückmeldung über die Stärken und Schwächen sein, die Sie an Ihrem Partner bemerkt haben - vorausgesetzt, Sie haben den Eindruck, daß er (oder sie) eine solche Rückmeldung wirklich will. (Im 5. Kapitel beschäftigen wir uns ausführlicher mit solchen "Rückmeldungen"). Rückmeldungen können ihm helfen, seine eigenen Möglichkeiten realistisch einzuschätzen und nach neuen Möglichkeiten Ausschau zu halten.

Angreifen
Auch das Gegenteil kann Ihnen passieren: jedoch Sie könnten Ihre eigenen unangenehmen Gefühle, z.B. Schuldgefühle, abwehren, indem Sie Ihrem Gesprächspartner Vorwürfe machen, er habe sich nicht genügend bemüht, sei zu vertrauensselig oder immobil gewesen, oder was Ihnen sonst noch einfällt. Auf der sachlichen Ebene hilft das gar nichts. Auf der emotionalen Ebene belasten Sie das Selbstwertgefühl Ihres Partners noch stärker. Sie werden entweder noch mehr Hilflosigkeit auslösen oder in einen sinnlosen Streit geraten. Und spätestens nach dem Gespräch werden Sie sich selbst Vorwürfe machen, daß Sie sich dazu haben hinreißen lassen.

Gefühl von Verrat gegenüber langjährigen Bekannten
Darüber hinaus kann ein weiteres Problem entstehen: Arbeitsplätze sind ja nicht nur Orte des Gelderwerbs, sondern auch der

persönlichen Beziehungen. Es kann also sein, daß Sie mit Ihrem Gesprächspartner mehr verbindet als eine reine Arbeitsbeziehung. Gemeinsame Erlebnisse, die Erfahrung, schwierige Probleme miteinander gelöst zu haben, persönliche Kontakte außerhalb der Arbeitszeit - das alles kann Sie Ihrem Gesprächspartner persönlich näher gebracht haben. Dann tut ein solches Gespräch besonders weh. Nicht nur dem Ausscheidenden, sondern auch Ihnen und Ihren Kollegen, die bleiben und die mit dem Ausscheidenden gute kollegiale Beziehungen verbanden, sie alle sind von dem Abschied gefühlsmäßig betroffen. Es wird Ihnen besonders schwer fallen, einem solchen Kollegen das Kündigungsschreiben auszuhändigen.

Was kann man da machen? Nichts, jedenfalls nichts anderes, als was wir schon oben beschrieben haben. Sie haben nicht nur eine schlimme Botschaft zu überbringen, Sie verlieren darüber hinaus auch einen Kollegen, den Sie vielleicht besonders gemocht haben. Einem solchen Menschen etwas Unangenehmes anzutun fällt besonders schwer. Es gibt keinen Grund dafür, so zu tun, als ob Ihnen das nichts ausmachte. Gerade in diesem Fall wird Ihnen daran liegen, daß das Gespräch menschlich verläuft, daß Sie beide bemerken und anerkennen, wie schwer Ihnen beiden dieses Gespräch fällt und daß mögliche persönliche Kontakte darunter nicht leiden sollen. In einem solchen Gespräch werden Sie besonders dazu neigen, die Wahrheit zu verpacken, unklar zu werden und den drei Gefahren: Versprechungen, Verniedlichung und Trösten aufzusitzen. Und gerade in einem solchen Gespräch ist Ehrlichkeit besonders wichtig. Sie setzen sonst nicht nur Ihre weiteren Beziehungen aufs Spiel, sie geraten auch in die Gefahr, daß rückwirkend Ihre persönliche Beziehung und Ihre Loyalität gegenüber Ihrem Gesprächspartner in Zweifel gezogen werden.

So viel zu Ihnen und Ihrer möglichen Situation. Was könnte in Ihrem Gesprächspartner vorgehen?

3.4 Was passiert beim Empfänger?

Die Unannehmlichkeiten eines Kündigungsgesprächs sind für Sie sicher groß, aber doch vorübergehend. Wenn diese Phase vorbei ist, können Sie sich wieder angenehmeren Aufgaben widmen. Anders bei Ihrem Gesprächspartner. Seine wirtschaftliche und persönliche Situation kann sich durch die Kündigung entscheidend verschlechtern. Sie müssen deshalb damit rechnen, daß seine Abwehr unangenehmer Gefühle noch wesentlich stärker ist als bei Ihnen. Schließlich muß er nicht nur objektiv mit dem Verlust des Arbeitsplatzes, sondern auch subjektiv mit den Rückwirkungen der Kündigung auf sein Selbstwertgefühl fertig werden. Das kann durch eine solche Kündigung stark leiden.

Verlust des Selbstwertgefühls und des Realitätssinns

In einer Gesellschaft, in der der gesellschaftliche Rang und Wert eines Menschen im wesentlichen von der Arbeit bestimmt wird, ist der Verlust des Arbeitsplatzes eine starke Attacke auf das Selbstwertgefühl. Eine erste Reaktion vieler Menschen ist der Selbstzweifel: "Was habe ich falsch gemacht, was war nicht in Ordnung, was war so ungenügend, daß ich aus dem Kreis der arbeitenden Menschen ausgeschlossen werde?" (Das gilt auch für viele Mitarbeiter, die vorzeitig in den Ruhestand gehen). Das heißt, viele Menschen personalisieren ein Problem, das eigentlich ein gesellschaftliches ist. Anders gesagt, sie können nur schwer erkennen, daß nichts an ihnen falsch ist, sondern daß es äußere Umstände gibt, die sie in diese Lage gebracht haben. Wohlgemerkt, es geht nicht darum, ob der Betroffene alle seine Chancen wahrgenommen hat, seinen Arbeitsplatz zu behalten. Es geht um die Zweifel an der eigenen Persönlichkeit. Ein solcher Verlust an Selbstwertgefühl ist so schmerzhaft, daß viele Menschen versuchen, ihn zu verdrängen.

Scheinbar widersprüchlich ist dabei das Phänomen, daß sich manch einer vorher selbst schon mit dem Gedanken getragen hat, den Arbeitsplatz zu wechseln. Daß die Firma ihm zuvorkommt, macht für das Selbstwertgefühl einen riesigen Unterschied. Er hat die Initiative verloren, mit der er Art und Zeitpunkt des Wechsels bestimmen kann, und nun beginnt er um den Arbeitsplatz zu kämpfen, den er kurz zuvor am liebsten verlassen hätte. [4]

Es ist deshalb nur zu verständlich, wenn Menschen in einer derartigen Situation unsachlich und emotional reagieren. Sie sollten es ihnen nicht zum Vorwurf machen, Sie sollten darauf eingestellt sein, daß das so ist. Wenn Sie also Vorwürfen ausgesetzt sind,

---

[4] Vergl. den Artikel von Josef Mues: Eigentlich hätten wir Sie gerne behalten. Chronik einer betriebsbedingten Kündigung, Frankfurter Allgemeine Zeitung, Nr. 205 vom 3.9.1994

wenn Ihr Gesprächspartner sich hängen läßt, wenn er Sie unter Druck setzen will, dann rechnen Sie das nicht seinem Charakter an, sondern haben Sie Verständnis dafür, daß er alles versucht, um seine Selbstidentität aufrecht zu erhalten.

Bei Gesprächen zur einvernehmlichen Vertragsauflösung oder bei Anwesenheit eines Betriebsrats könnten die kämpferischen Verdrängungsformen vorherrschen. Wenn Sie sich klar machen, daß Ihr Gesprächspartner mit diesem Verhalten versucht, einen Rest an Selbstachtung und Anerkennung aufrecht zu halten, wird es Ihnen leichter fallen, mit Einwürfen und Angriffen sachlich umzugehen. Häufig führt eine so tiefe Verletzung des Selbstwertgefühls zu einem Realitätsverlust. Das heißt, daß der Betroffene seine Lage nicht mehr realistisch einschätzen kann. Entweder nimmt er die Dinge zu leicht ("Es wird schon werden", "Kommt Zeit, kommt Rat") oder zu schwer ("Jetzt ist alles aus. Nie wieder werde ich eine Chance bekommen."). Die erste Form mag Ihnen in bezug auf Ihr Gespräch angenehmer sein als die zweite, für den Betroffenen ist sie aber genauso prekär, weil sie ihn daran hindert, sein Schicksal selbst in die Hand zu nehmen.

3.5 Vier Phasen eines Kündigungsverlaufs

Josef Mues hat in der Frankfurter Allgemeinen Zeitung seine Erlebnisse bei seiner eigenen Kündigung beschrieben. Er schildert dabei sehr plastisch die verschiedenen Stufen seines Schockerlebnisses: "Es ist nicht eine einzige Emotion, sondern es sind viele verschiedenartige, zum Teil konträre, die die Kündigung in den nächsten Wochen und Monaten in mir wecken." [5]

Was auch immer der Anlaß für eine Kündigung ist – mag sie aus individuellen oder aus betriebsbedingten Gründen erfolgen, mag sie formal eine Kündigung oder eine vom Arbeitgeber gewünschte Vertragsauflösung sein – fast immer stellt sie einen schweren Schock für den Betroffenen oder die Betroffene dar. Je länger die Betriebszugehörigkeit angedauert hat, desto schwerer fällt im allgemeinen die Trennung, ist doch, wie wir im 1. Kapitel gezeigt haben, nicht nur die wirtschaftliche Existenz gefährdet. Vielmehr werden der gewohnte Alltag, die Beziehungen zu den Kollegen, Mitarbeitern und Vorgesetzten, die Stellung in der Gesellschaft bedroht. Eine Kündigung führt also in den allermeisten Fällen

---

[5] Josef Mues, a.a.O.

zu einem elementaren Trennungserlebnis, vergleichbar mit dem Verlassen des Elternhauses, dem Verlassenwerden vom Lebenspartner oder dem Tod eines geliebten Menschen.

Trennungen sind ein Bestandteil unseres Lebens, und sie sind häufig notwendige Entwicklungsschritte. Wer sein Elternhaus nicht verläßt, bleibt sein Leben lang in unmündiger Abhängigkeit, wer den Sprung in eine weiterführende Bildungseinrichtung nicht wagt, verpaßt Qualifizierungsmöglichkeiten, wer in einer unerträglichen Beziehung verharrt, wird seines Lebens nicht froh. Überall in unserem Leben begegnen wir Veränderungen, und viele davon haben wir uns nicht freiwillig ausgesucht. Manch eine Trennung, die wir unter Zwang und Schmerzen haben ertragen müssen, erwies sich aber im nachhinein als eine wichtige Lebenschance.

Dennoch lösen Trennungen – der Tod eines geliebten Menschen ist das deutlichste Beispiel dafür – eine Fülle von zum Teil dramatischen Gefühlen und massiven Abwehrreaktionen aus. In den verschiedenen Arten von Trennungen treffen wir dabei immer wieder auf ähnliche typische Abläufe. Wenn wir nun die Kündigung als eine solche Trennungskrise verstehen wollen, dann hilft uns ein Phasenmodell, das in der Paartherapie und in der Bewältigung von Todesfällen entwickelt wurde.

Vom Tod eines geliebten Menschen können wir auf ganz unterschiedliche Weise betroffen werden: Er kann als Folge eines Unfalls plötzlich auftreten und uns gänzlich unvorbereitet treffen. Er kann aber auch das Ende einer langandauernden und quälenden Krankheit sein. Wie gut oder schlecht wir auf das Ereignis auch vorbereitet sind, die Endgültigkeit des Todes konfrontiert uns mit der Unabänderlichkeit des Verlustes.

Ähnlich geht es Menschen, die gekündigt werden: Ob sie das Ende geahnt oder vermutet haben, ob sie es schon auf sich haben zukommen sehen oder ob sie aus heiterem Himmel davon getroffen wurden – die Nachricht löst bei vielen Menschen zunächst einen Schock aus. Diese Konfrontation mit der unausweichlichen Realität und die Abwehrreaktionen gegen den unerträglichen Verlust kennzeichnen die erste Phase des Kündigungsverlaufs.

1. Phase: Schockreaktion
Die meisten Menschen reagieren auf einen Schock, sei er körperlicher oder seelischer Natur, mit einer Abwehrreaktion: Sie ver-

suchen, die Tatsache zu verdrängen, zu leugnen, zu vergessen. Im Fall einer Kündigung kann die Reaktion darin bestehen, daß sie glauben, alles sei nur ein Irrtum. Erfolgt die Kündigung aus individuellen Gründen, dann werden häufig Ursachen und Ereignisse geleugnet, die der Kündigung zugrunde liegen, manche glauben an schlichte Mißverständnisse, andere an Intrigen, denen sie zum Opfer gefallen sind.

Auf diese erste Schockreaktion sind Verhaltensweisen zurückzuführen, die den Beobachter zunächst in Erstaunen versetzen: Der Gekündigte tut so, als sei nichts passiert. "Der Körper meldet einen heißen Schauer, aber der ist ganz weit entfernt, ganz gleichgültig. Es ist, als schaue ich dem Ereignis unbeteiligt zu." [6] Er verhält sich unverändert seinen Kollegen gegenüber, macht seine Arbeit so weiter wie bisher und verläßt am Ende des Tages seinen Arbeitsplatz in gewohnter Weise. Solche Reaktionen lösen häufig Bewunderung aus, scheinen sie doch auf ein besonders souveränes, gefaßtes oder cooles Verhalten hinzuweisen. Die Person, die die Kündigung ausgesprochen hat, glaubt sich dann häufig schon aus dem Schneider, weil der Betroffene wohl keine weiteren Schwierigkeiten machen wird.

Im ersten Kapitel haben wir das häufig zu beobachtende Phänomen beschrieben, daß manche Menschen, nachdem sie ihren Arbeitsplatz verloren haben, weiterhin täglich zur gewohnten Zeit das Haus verlassen und zur üblichen Zeit zurückkehren. Diese Verhaltensweise ist auf eine solche, nicht aufgelöste Schockreaktion zurückzuführen, die es ihnen dann unmöglich macht, ihr Schicksal wieder in eigene Hände zu nehmen.

Ist aber diese erste Erstarrung überwunden, folgt häufig ein Ausbruch von Wut, Ärger und Zorn. Der Gekündigte beginnt sich zu wehren, macht andere für die Entwicklung verantwortlich und weist alle eigene Verantwortung von sich. Er versucht sich zu rechtfertigen, Tatsachen zu leugnen und andere in manchmal beleidigender Weise anzugreifen. ("Ich fühle mich hintergangen... Meine Haltung ist Feindseligkeit" [7]). Auch der Kündigende bleibt von diesen Attacken häufig nicht verschont, denn er ist als Überbringer der schlechten Nachricht das erste Angriffsziel. Dieses aggressive Verhaltensmuster kann auch sofort einsetzen, ohne daß ihm eine Phase der Erstarrung vorausgeht.

[6 + 7] Josef Mues, a.a.O.

Aber nicht immer gehen Gekündigte in den Angriff über. Je nach Persönlichkeitsstruktur kann auch eine depressive Reaktion erfolgen: Der Betroffene verlegt sich aufs Bitten und Betteln, er zieht alle Register des Mitleiderregens. Meist sind solche Verhaltensformen mit Tränenausbrüchen verbunden, und das nicht nur bei Frauen. Für viele Führungskräfte ist dieses Verhalten schwerer zu ertragen als ein Wutausbruch, denn mit Aggression haben die meisten Vorgesetzten – vor allem, wenn sie Männer sind – besser umzugehen gelernt als mit Schmerz, Trauer und Mitleid. Deshalb sind Tränenausbrüche meist gefürchteter als Wutanfälle.

Diese Phase des Sich-Wehrens hat eine wichtige psychologische Funktion: sie rüttelt den Betroffenen auf. Er beginnt, sich mit der Tatsache der Kündigung emotional auseinanderzusetzen, er mobilisiert seine inneren Kräfte auf eine Weise, wie er es bei früheren Trennungserlebnissen gelernt hat. Mit der Wut wird gleichzeitig die Selbstachtung wiederhergestellt, die durch die Kündigung gelitten hat. Mues berichtet: "Allein die unbeirrte Anti-Haltung, mit der ich der Unternehmensräson entgegentrete, beugt dem Zusammenbruch vor. Da muß ich durch, daß weiß ich..."[8])

Wer Kündigungsgespräche führt, muß wissen, daß die aggressive Auseinandersetzung mit der Kündigung, und sei sie noch so destruktiv oder peinlich, der erste Schritt aus der Erstarrung ist. Gelingt es dem Betroffenen nicht, seine inneren Kräfte zu mobilisieren, dann wird er nicht in der Lage sein, sich mit seiner Situation aktiv zu befassen.

Die Phase der Schockwirkung endet zumeist damit, daß der Betroffene der Realität ins Auge schaut. Er erkennt, daß er sich mit der Kündigung auseinandersetzen muß, daß sie nicht einfach von selbst wieder verschwindet.

2. Phase: Gegenmaßnahmen

Ist die Schockphase gekennzeichnet durch ungezielte Rundumschläge oder durch totale Zusammenbrüche, so setzt in der zweiten Phase die gezielte Gegenwehr ein mit der Absicht, die Kündigung wieder rückgängig zu machen. Plötzlich werden Rechtfertigungen gegen Abmahnungen verfaßt, die vielleicht schon ein halbes Jahr zurückliegen, der nächst höhere Vorgesetzte wird eingeschaltet, oder Kollegen werden aufgefordert, Solidarität zu

---

[8] a.a.O.

üben und Stellung zu beziehen. Begleitet werden diese Aktivitäten häufig durch ein Pendeln zwischen Allmachts- und Ohnmachtsphantasien, die denen eines kleinen Kindes ähneln: Zwischen "denen werde ich es schon zeigen" und "mit mir kann man's ja machen" pendelt die Stimmung hin und her. Gerade diese Stimmungsumschwünge kennzeichnen das Ausmaß der Instabilität, in der sich die oder der Betroffene befindet. Selbstmordversuche kommen am ehesten in dieser Phase vor. Bei Kündigungen aus betrieblichen Gründen besteht der Versuch nicht so sehr darin, den persönlichen Anteil an der Kündigung zu leugnen – denn meist liegen ja keine personenbezogenen Gründe vor –, sondern die getroffene Auswahl in Frage zu stellen: "Das kann man doch mit mir nicht machen!" – "Wieso ich, warum nicht Kollege XY? Ich bin doch schon viel länger dabei!" – "Auf mich können sie doch gar nicht verzichten." – "Da hat sich der Betriebsrat über den Tisch ziehen lassen!" Die Enttäuschung, nicht wichtig genug zu sein, um gehalten zu werden, schlägt dann manchmal in die oben erwähnten Rachegefühle um: "Denen werde ich es schon zeigen!"

Es ist manchmal schwer zu unterscheiden, ob die Maßnahmen, die der Gekündigte jetzt ergreift, noch blinde Abwehr oder schon überlegte Auseinandersetzung mit der Kündigung sind. Es ist nicht nur sein gutes Recht, zum Betriebsrat oder – bei Führungskräften häufiger – zum Rechtsanwalt zu gehen. Das kann sogar sehr sinnvoll sein, denn bevor er die Segel streicht, sollte er sich Klarheit über alle Aspekte seiner rechtlichen Lage verschaffen. Aber auch Betriebsräte wissen ein Lied davon zu singen, wie hilflos sie sich fühlen, wenn die Kündigung offensichtlich berechtigt ist oder sich im Einklang mit dem Sozialplan befindet. Der kindliche Glaube an die Allmacht des Betriebsrats oder die unbegrenzten Möglichkeiten des Rechtsanwalts schlägt dann schnell in puren Haß um. Spätestens aus solchen Reaktionen ist zu erkennen, daß der Gekündigte noch nicht in der Lage ist, sich auch rational mit seiner Situation auseinanderzusetzen.

Der psychologische Hintergrund für irrationale Verhaltensweisen in dieser Phase ist der Versuch, die Stabilität der Situation wiederherzustellen. Dabei spielt nicht nur das Gefühl eine Rolle, ungerecht behandelt worden zu sein, sondern auch die Angst vor jedweder Veränderung. Je weniger Erfahrungen der Betroffene mit Veränderungen in seinem Leben gemacht hat – besonders solchen, die ihm letztlich genützt haben –, desto schwerer fällt es ihm, eine neue Lebenssituation zu akzeptieren. Besonders anfällig sind hierfür Mitarbeiter, die ihr gesamtes Berufsleben in einem einzigen Unternehmen verbracht haben. Sie haben nie gelernt, sich auf dem Arbeitsmarkt um eine neue Stelle zu bemühen, sie kennen keine andere Arbeitsumgebung als ihren Betrieb, und sie waren es nie gewohnt, über ihre Stärken und Schwächen nachzudenken. Das macht hilflos, und Hilflosigkeit macht Angst. Und "Angst essen Seele auf", wie Werner Faßbender einen seiner Filme genannt hat.

3. Phase: Abschied nehmen

Es bedarf einer großen inneren Anstrengung aller Beteiligten, die nächste Phase zu erreichen. In ihr lernt der Betroffene, die Trennung als unabänderlich hinzunehmen. Wie bei dem Tod eines geliebten Menschen setzt nun Trauer um den Verlust ein, das heißt, die Trennung wird auch innerlich realisiert. Es heißt nun Abschied nehmen.

Ein Trauernder ist meist nach rückwärts orientiert. Er muß nicht nur Abschied von dem Betrieb, von seinem Arbeitsplatz und von seinen Kollegen nehmen, er muß sich auch von mancher Illusion verabschieden. Er muß in sein Bewußtsein hineinlassen, daß er verletzbar, ersetzbar und auf sich selbst gestellt ist, daß seine Leistungen nicht so anerkannt wurden, wie er geglaubt hatte, daß auch er nicht vor Ungerechtigkeiten geschützt ist. Dieser Prozeß ist schwierig und manchmal langwierig. Gekündigte suchen nun häufig das Gespräch mit Kollegen, um sich bestätigen zu lassen, daß sie ungerecht behandelt wurden und was sie alles für die Firma geleistet haben. Die Vergangenheit verklärt sich mehr und mehr, und die Erfahrungen von Ärger und Mühen treten in den Hintergrund.

Trauerarbeit ist, wie Psychologen aus allen Arten von Trennungserlebnissen wissen, eine unerläßliche emotionale Aufgabe. Sie hat wenig mit rationaler Erkenntnis zu tun. Sie kann auch nicht ersetzt werden durch Resignation oder durch Ablenkung. Gutes Zureden wirkt da wenig, und auch die Erkenntnis, nicht als einziger zum Opfer der Verhältnisse geworden zu sein, ersetzt nicht die ganz persönliche Trauer. Die Erfahrungen aus den Kündigungswellen in den neuen deutschen Bundesländern zeigen, daß das Bewußtsein, eines von vielen Opfern zu sein, eher lähmend als aktivierend wirkt. Erst der ganz persönliche Abschied von der Vergangenheit macht frei für neue Aufgaben.

Der körperliche Ausdruck von Trauer und Schmerz sind Tränen, und sie versprechen am ehesten Heilung. Weinen führt körperlich dazu, daß der Atem aktiviert wird, das heißt, daß der Betroffene "tief durchatmet". Im übertragenen Sinn ist "Durchatmen" die Voraussetzung dafür, sich wieder der Welt zuzuwenden und die neue Lebenssituation aktiv zu gestalten.

4. Phase: Neustrukturierung

Je besser die Trauerphase bewältigt wird, desto leichter gelingt es dem Betroffenen, den Blick wieder nach vorne zu wenden. Er beginnt nun, seine Situation zu akzeptieren. Das muß nicht heißen, daß er mit der Kündigung einverstanden ist, daß er sie als gerecht oder als rechtmäßig empfindet, aber es gelingt ihm mehr und mehr, sich von der emotionalen Bindung an die Vergangenheit zu lösen und nach Wegen zu suchen, sein Leben neu zu ordnen.

Emotional bedeutet das, daß an Stelle von Wut, Schmerz und Trauer allmählich Hoffnung und Zuversicht treten. Er fängt an, sich wieder mit seiner Umwelt auseinanderzusetzen und sich nach neuen Möglichkeiten umzusehen. Er beginnt, sich seiner Fähigkeiten und Grenzen bewußt zu werden und sie in Beziehung zu seinen Möglichkeiten am Arbeitsmarkt zu setzen. Falls er ganz aus dem Berufsleben ausscheidet, beginnt er in dieser Phase, nach Tätigkeiten zu suchen, die seinem Leben wieder einen Sinn geben.

Mit der praktischen Hinwendung zu dem neuen Leben geht auch eine seelische Neustrukturierung einher. Er findet sein inneres Gleichgewicht wieder, oder besser, er findet sein Gleichgewicht auf einer neuen Ebene. Tatkraft und Lebendigkeit kehren in sein Leben zurück. Die neue Zuversicht, die er erlangt hat, verschaffen ihm im beruflichen und privaten Leben neue Kontakte, er ist gewissermaßen in diese Welt zurückgekommen, die er in den Phasen der Abwehr und der Trauer geleugnet und gemieden hat. Er wird fähig, mit oder ohne Hilfe anderer, neue Perspektiven zu entwickeln.

Wir haben hier den Idealablauf der Phasen eines Kündigungserlebnisses aufgezeigt. Nicht immer verläuft dieser Prozeß so glücklich wie in dem beschriebenen Modell. Und nicht immer ist ein Mensch, der sich vor dem persönlichen und gesellschaftlichen Nichts glaubt, allein in der Lage, diesen schwierigen Weg zu gehen. Ein wenig kann auch der Kündigende dazu beitragen, daß der

Gekündigte nicht alle seine Chancen aus den Augen verliert. Zu-
gegeben, Vorgesetzte oder Personalverantwortliche sind keine
Psychotherapeuten, und sie sind bei der Beratung in Lebenskrisen
häufig auch überfordert. Trotzdem wollen wir im folgenden einige Hinweise geben, wie Kündigungsgespräche so durchgeführt
werden können, daß der Gekündigte die Chance zur Neustrukturierung behält.

3.6 Zusammenfassung

In diesem Kapitel werden die psychologischen Reaktionen un-
tersucht, die bei dem Kündiger und beim Gekündigten auftreten
können. Dazu wird das Kommunikationsmodell vom "Sender und
Empfänger" auf die Situation der beiden Gesprächspartner an-
gewendet, in dem derjenige, der die Kündigung ausspricht, im allgemeinen der Sender und der Gekündigte der Empfänger dieser
Botschaft ist.

Für die Kommunikation ist charakteristisch, daß beide diese Situation als unangenehm empfinden, ob es sich nun um eine Kündigung aus persönlichen oder aus betrieblichen Gründen handelt.
Beide Partner sind mit Gefühlen bei sich selbst und beim anderen
konfrontiert, denen sich die meisten Menschen nur ungern direkt
stellen. Auf Seiten des Senders wird dargestellt, wie sich Menschen, die eine schlechte Botschaft überbringen, vielfach aus der
Affäre ziehen und welche Möglichkeiten es gibt, mit unangenehmen Gefühlen umzugehen.

Für den Empfänger werden die vier typischen Phasen eines
Kündigungsverlaufs beschrieben. Dabei wird deutlich, daß eine
Kündigung meist einen tiefen Eingriff in die Lebensverhältnis-
se, aber auch einen Angriff auf das Selbstwertgefühl des Betrof-
fenen darstellt. Meist braucht er einige Zeit, um sich von dem
Schock zu erholen und wieder die Initiative zu ergreifen.

Für denjenigen, der eine Kündigung aussprechen muß, ist die
Kenntnis dieser Phasen wichtig, wenn er dazu beitragen will, daß
der Betroffene diese Lebenskrise bewältigen kann. Sie kann ihm
dabei helfen, sich nicht in die Gefühle von Hilf- und Ausweglosigkeit hineinziehen zu lassen, die häufig die Gekündigten befällt.
Und er kann in Kenntnis des Phasenverlaufs den Betroffenen dabei unterstützen, seine Chancen zu sehen und wahrzunehmen.

4. Praktische Anleitung zum Kündigungsgespräch

4.1 Verhalten in der Vorphase der Kündigung

Ob ein Kündigungsgespräch "gelingt" oder nicht, entscheidet sich häufig nicht erst im Gespräch selbst, sondern lange vorher, denn es steht ja im Zusammenhang mit der Beziehung, die bisher zwischen Vorgesetztem und Mitarbeiter bestanden hat. Wenn sich beide beispielsweise bisher geduzt haben, werden sie dieses Gespräch kaum per Sie führen. War die Beziehung bisher eher formell und unpersönlich, so kann es dem Kündiger nun schwerfallen, das richtige Maß an Verständnis und Mitgefühl zu zeigen.

Wichtiger ist allerdings, wie sich der Vorgesetzte im unmittelbaren Vorfeld der Kündigung verhalten hat. Handelt es sich um eine persönlich bedingte Kündigung, dann hatte es vermutlich schon vorher eine Reihe von Vorfällen gegeben, die Unzufriedenheit und Ärger bei dem Vorgesetzten ausgelöst haben. Führungskräfte, die Schwierigkeiten im Umgang mit Konflikten haben, neigen häufig in einer solchen Situationen dazu, sich ihr Teil zu denken, sie zeigen aber dem Betroffenen gegenüber wenig Offenheit und Klarheit. Im 2. Kapitel haben wir am Beispiel von Herrn Gruber und Herrn Jäger eine solche unklare Beziehung geschildert.

Der Gekündigte fühlt sich dann leicht durch das bisherige Verhalten des Vorgesetzten getäuscht. Im nachhinein erscheint ihm die Freundlichkeit und Unterstützung des Vorgesetzten als scheinheilig oder feige. Er wird deshalb vermutlich sehr emotional reagieren, er wird zu persönlichen Vorwürfen neigen und wenig Einsicht in seinen eigenen Anteil an der Kündigung zeigen. Wie sollte er auch? Wenn es vorher keine klaren Hinweise auf Fehler gegeben hat, hatte der Betroffene auch kaum Möglichkeiten, sich Mühe zu geben und sein Verhalten zu ändern bzw. seine Leistung zu verbessern.

Hier wird ein generelles Führungsproblem am Beispiel einer Extremsituation besonders deutlich: Viele Führungskräfte glauben, daß sich ein positives, mitarbeiterorientiertes Führungsverhalten und klare Aussagen gegenüber den Mitarbeitern über deren Schwächen ausschlösse, und einige ziehen daraus den Schluß, daß sie möglichst konfliktfrei mit dem Mitarbeiter umgehen müßten. Tatsächlich widersprechen sich aber Freundlichkeit und Klarheit nicht. Im Gegenteil. Freundlicher Umgang und Verständnis für die Mitarbeiter verkommen zur Maske, wenn sie nicht verbunden sind mit einer offenen Austragung von Konflikten. Die Kündigung ist nicht selten das Ergebnis einer falsch verstandenen Rücksichtnahme auf die Gefühle des Mitarbeiters. Wäre früher und deutlicher über Mängel in Leistung oder Verhalten des Mitarbeiters gesprochen worden, dann könnte manche Kündigung vermieden werden.

Etwas anders gelagert ist das Problem, wenn die Kündigung im Rahmen eines Personalabbaus erfolgt. Hier kann es zwar auch vorkommen, daß Leistungsschwächen, die bisher nie angesprochen wurden, nun den Ausschlag für die Auswahl dieses betreffenden Mitarbeiters geben. Die Firma freut sich dann, im Wege eines Sozialplans "elegant" leistungsschwächere Mitarbeiter loszuwerden. Ein Vorgesetzter, der einen Mitarbeiter mit diesem Hintergedanken "freistellt", wird ihm im Kündigungsgespräch kaum offen ins Gesicht sehen können. Josef Mues spricht in dem schon zitierten Artikel von einer "abgezirkelten Unterredung" und fährt fort: "Die offizielle Version steht auf dem Papier, und niemals wird (Personalchef) Manzke so dumm sein, das Wort 'betriebsbedingt' in unserer Gegenwart zu hintertreiben. Manzkes Überlegungen, die in internen Gesprächen zum Tragen kamen, werden mir für immer verborgen bleiben. Ich bin auf Spekulationen verwiesen: auf die hin und her wogende Suche nach Gründen, die ich im Dialog mit mir selbst betreibe..." [9]

Am schwierigsten ist es sicher für den Vorgesetzten, wenn es keine Kündigungsgründe in der Person des Gekündigten gibt, sondern dieser bespielsweise deshalb ausgewählt wurde, weil er den Kriterien des Sozialplans entspricht. Hier befindet er sich in einem Loyalitätskonflikt zwischen dem Unternehmen einerseits und dem Mitarbeiter andererseits. Aber auch solche Entwicklungen sehen Vorgesetzte manchmal früher kommen als die Betroffenen

---

[9] a.a.O.

selbst. Es dürfte deshalb sinnvoll sein, zum frühestmöglichen Zeitpunkt das Gespräch zu suchen, um dem Mitarbeiter einen möglichst großen Handlungsspielraum zu verschaffen.

Was bedeutet das nun für das Verhalten des Vorgesetzten in der Vorphase der Kündigung? Die geschilderten Konfliktsituationen lassen eigentlich nur einen Schluß zu: So früh wie möglich Klarheit herstellen. Das "großzügige Darüber-Hinwegsehen" hat meist wenig mit Großzügigkeit und viel mit Konfliktscheu zu tun. Wenn das Fehlverhalten des Mitarbeiters häufiger auftritt, ist eine deutliche Aussprache menschlicher als Andeutungen oder gar Verschweigen von Unzufriedenheit. Eine Kündigung, die wegen individueller Fehlleistungen notwendig wird, ist das Ende und nicht der Anfang eines Konflikts. Das sollte dem Betroffenen ebenso deutlich sein wie dem Vorgesetzten.

4.2 Die Vorbereitung

Immer handelt es sich bei einem Kündigungsgespräch um ein schwieriges Mitarbeitergespräch, das sorgfältige Vorbereitung verlangt. Der Vorgesetzte, der die Kündigung auszusprechen hat, handelt ja nicht nur aus seiner unmittelbaren Beziehung zu seinem Mitarbeiter heraus, sondern er ist Vertreter des Unternehmens, dessen Position er hier vertritt.

Zunächst einmal gilt es, auf der Sachebene die Akten gründlich zu studieren und alle für die Kündigung ausschlaggebenden Daten zusammenzustellen, um ausreichend auf alle Fragen vorbereitet zu sein.

Wir wollen hier diese Punkte im einzelnen kurz beleuchten:

1. Alle rechtlich relevanten Sachverhalte, das sind die Gründe für die Kündigung, die tarifvertraglichen Regeln bzw. die einzelvertragliche Seite der Kündigung (Kündigungsfristen, Kündigungsgründe).[10]

2. Die Beweismittel, soweit es sich um eine Kündigung aus persönlichen Gründen handelt. Dazu gehören auch die Verwarnun-

---

[10] Bauer / Röder; Kündigungsfibel; 1994, Sauer Verlag, Heidelberg. Weber u.a.; Kündigung und Kündigungsschutz; 1994, Überreuter, Wien

Abmahnungen und alle sonstigen Vorfälle in der Vergangenheit, die mit der Kündigung im Zusammenhang stehen.

3. Bei betriebsbedingter Kündigung: der Sozialplan, die diese spezielle Kündigung begründenden Auswahlfaktoren sowie die finanziellen Regelungen beim Ausscheiden des Mitarbeiters.

4. Bei Vertragsauflösung das Abfindungsangebot: geplanter Austrittstermin, Abgeltung von Restlaufzeiten, betriebliche Altersversorgung, Outplacement-Beratung.[11]

5. Die Mitarbeiterdaten, die das bisherige Beschäftigungsverhältnis kennzeichnen: Dauer der Betriebszugehörigkeit, bisherige Beurteilungen, Erfolge und Mißerfolge, Ämter im Unternehmen.

6. Die persönliche Situation des Betroffenen: Alter, Familienstand, Kinder, Arten der Behinderung, Versorgungserfordernisse in der Familie; soweit bekannt, finanzielle Situation.

Ob aber aus der Sicht des Betroffenen das Kündigungsgespäch angemessen und damit akzeptierbar geführt wird, wird nicht auf der Sachebene, sondern auf der Beziehungsebene entschieden. Das heißt, nicht das "Was" prägt die Gesprächsatmosphäre, sondern das "Wie". Der Mitarbeiter fühlt sich als Person angesprochen, wenn es dem Vorgesetzten gelingt, in dem Gespräch die Wertschätzung des zu Kündigenden zum Ausdruck zu bringen, die seine Gesamtleistung in guten wie in schlechten Tagen berücksichtigt. Dafür ist nicht nur eine genaue Kenntnis aller oben beschriebenen Fakten Voraussetzung, sondern auch eine innere Haltung zu dem Betroffenen und zum Akt der Kündigung.

Mit einer Kündigung fällt der Vorgesetzte kein Urteil über die Persönlichkeit des Mitarbeiters, und zwar auch dann nicht, wenn er sich über ihn geärgert hat. Es geht ausschließlich um die Auflösung einer Arbeitsbeziehung. Der Vorgesetzte ist kein Priester, der moralische Wertungen aussprechen muß, und kein Psychologe, der eine Persönlichkeitsbeurteilung vornimmt. Er hat lediglich

---

[11] Eine Outplacement-Beratung ist eine Hilfe für einen Gekündigten durch spezialisierte Fachleute, die ihm zu einem neuen Arbeitsplatz verhelfen sollen. Diese Unterstützung wird – zumindest teilweise – durch den bisherigen Arbeitgeber finanziert. Titel zum Thema "Outplacement" siehe Kapitel: Literaturhinweise.

den Standpunkt zu vertreten, daß die Vertragsbeziehung zwischen dem Unternehmen und dem Mitarbeiter beendet wird. Er kann deshalb dem zu Kündigenden persönliche Wertschätzung entgegenbringen, das heißt, ihn als einen selbstverantwortlichen erwachsenen Menschen behandeln, der für seine Handlungen einstehen kann und der, wie jeder andere Mensch, der Vorgesetzte eingeschlossen, gute und schlechte Seiten hat.

Die folgenden Gesprächshilfen wollen einen Beitrag dazu liefern, eine solche Haltung einzunehmen und aufrecht zu erhalten.

4.3 Gesprächshilfen

Gesprächsorganisation

Ein Kündigungsgespräch wird in der Regel vom Vorgesetzten allein geführt. Die Einbeziehung einer weiteren Person, z.B. des Personalverantwortlichen, hängt von der Person des zu Kündigenden und den Erfahrungen ab, die man mit ihm im betrieblichen Alltag gesammelt hat. Andererseits hat auch der zu Kündigende das Recht, ein Mitglied des Betriebsrates hinzuzuziehen.

Die zweite Person sollte aber nur anwesend sein, wenn es angebracht scheint, für zukünftige mögliche Streitigkeiten einen Zeugen zu haben. Im Zweiergespräch ist im allgemeinen eine bessere Gesprächsatmosphäre zu erreichen als in einer Dreiersituation, in der immer ein Ungleichgewicht besteht.

Das Gespräch sollte immer in einem Raum stattfinden, der für Dritte unzugänglich und nicht einsehbar ist. Es ist schwer im vorhinein abschätzbar, wie sich das Gespräch entwickelt und ob es zu emotionalen Ausbrüchen auf einer oder auf beiden Seiten kommt. Schon aus Gründen der Diskretion sollten sich solche Vorfälle nicht in der Öffentlichkeit abspielen.

Im 3. Kapitel haben wir die vier Phasen eines Kündigungsverlaufs geschildert und versucht, deutlich werden zu lassen, welche emotionalen Zustände ein Gekündigter durchläuft. Auf diesem Hintergrund ist es verständlich, daß das Kündigungsgespräch im allgemeinen kein einmaliger Akt sein kann. Im ersten Gespräch ist der Betroffene meist nicht in der Lage, die ganze Tragweite des Geschehens zu erfassen, und ganz sicher ist er zu diesem Zeitpunkt noch nicht fähig, über Konsequenzen nachzudenken. Je nach Problematik des Falls werden also mehr oder weniger Gespräche notwendig sein, um den Gekündigten durch den gesamten Prozeß zu begleiten.

Kontakt vor Inhalt
Bevor Sie einen Menschen mit Informationen konfrontieren, die für ihn wichtig sind oder die seinen sachlichen oder emotionalen Widerstand hervorrufen können, müssen Sie mit ihm im Kontakt sein. Menschen brauchen dazu eine gewisse "Anwärmzeit". Deshalb vergehen die ersten Minuten eines Gesprächs meist mit dem Platzangebot, dem Angebot eines Getränks und dem Austausch von Alltagsinformationen zum Wetter, zum Essen, zur Familie oder dergleichen. Wichtig in dieser Phase ist, daß jeder Gesprächsteilnehmer einmal zu Wort gekommen ist, daß er sich sozusagen akustisch angemeldet hat. Diese Phase dient gleichzeitig dazu, sich gegenseitig wahrzunehmen, sich zu "beriechen" und sich auf das bevorstehende Gespräch zu konzentrieren. Es ist eine Frage des Fingerspitzengefühls, wie lange diese Anwärmphase dauern sollte, denn Ihr Gesprächspartner wird vermutlich wissen, worum es geht. Aber Sie sollten auf diese Kontaktaufnahme nicht ganz verzichten. Einige persönliche Worte erleichtern es Ihnen auch, im Gespräch persönlich zu bleiben.

Um der Bedeutung und den Folgen, einer Kündigung gerecht zu werden, empfiehlt sich eine Grundhaltung, die durch folgende Aspekte gekennzeichnet ist und die sich durch den gesamten Kündigungsverlauf hindurchziehen sollte:

Gesprächshaltung
Zwei generelle Haltungen werden Ihnen erleichtern, ein Kündigungsgespräch zu führen:
■ auf der sachlichen Ebene bei den Tatsachen bleiben, nichts beschönigen und nichts übertreiben;
■ auf der emotionalen Ebene Verständnis für die Situation Ihres Gesprächspartners zeigen, ihn ausreden lassen, auch wenn seine Äußerungen in der Sache nicht weiterführen: Das kostet Zeit und vielleicht auch Nerven, aber es ist vermutlich einer der letzten Dienste, den Sie Ihrem Kollegen erweisen können.

Verdeutlichen der Notwendigkeit dieser Maßnahme
Im sachlichen Teil Ihres Gesprächs sollten Sie noch einmal die getroffenen Maßnahmen erläutern, zu denen auch diese Kündigung

bzw. die Vertragsauflösung gehört. Je nach Vorinformation Ihres Partners werden Sie die Begründungen für diese Maßnahmen ausführlicher oder knapper halten müssen. Aber es gehört zu einem solchen Gespräch, daß die Gründe für diese Maßnahme angesprochen werden, auch wenn sie im allgemeinen bekannt sind, so daß keine Mißverständnisse entstehen können.

Dabei geht es im Fall der Kündigung aus betrieblichem Anlaß nicht nur um die allgemeinen betriebswirtschaftlichen Gründe, sondern auch darum zu erläutern, warum es gerade ihn und nicht den Kollegen XY getroffen hat. Es kann sein, daß soziale Gründe dafür verantwortlich sind, die dann häufig im Rahmen eines Sozialplans mit dem Betriebsrat vereinbart wurden. Es kann aber auch sein, daß die betriebsbedingte Kündigung ausgesprochen wird, weil der Arbeitsbereich entfällt oder eine bestimmte Produktion aufgegeben bzw. verlagert wird.

Wie wir gesehen haben, spielen bei der Auswahl nicht selten auch persönliche Gründe eine Rolle, obgleich dann arbeitsrechtlich eine betriebsbedingte Kündigung nicht mehr zulässig ist. Bei der Begründung der Kündigung dürfen sie also keine Rolle spielen. In einer anderen Phase der Gespräche, in denen Sie mit dem Gekündigten über seine Betriebskarriere sprechen, können aber Hinweise auf seine Stärken und Schwächen angebracht sein, denn sie enthalten wichtige Informationen für seinen weiteren Berufsweg.

Bei einer Kündigung aus persönlichen Gründen spielen die Konsequenzen seines Verhaltens für das Unternehmen die entscheidende Rolle. Sie sollten deshalb in aller Klarheit herausgestellt werden.

Verdeutlichen der eigenen Gefühle
Oben haben wir gesagt, daß Ihre eigenen Gefühle in diesem Gespräch eine wichtige Rolle spielen. Sprechen Sie deshalb an, wie es Ihnen mit diesem Gespräch geht. Dafür gibt es keine Formeln, kann es nicht geben, denn es handelt sich um Ihre ganz persönlichen Gefühle. Je klarer Sie sich über Ihre Gefühle sind – auch wenn sie widersprüchlich sind –, desto leichter wird es Ihnen fallen, sie in angemessener Weise zu formulieren.

Dieses Stehen zu Ihren Gefühlen ändert nichts an den Tatsachen, aber es verbessert Ihren Kontakt zu Ihrem Gesprächspart-

ner – eine wichtige Voraussetzung dafür, daß Sie dieses Gespräch
auf menschliche Weise führen können.

Ehrlichkeit

In diesem Gespräch sollten Taktik und Ausreden keine Rolle mehr
spielen. Wenn Sie sich aus triftigen Gründen zu einer Kündigung
oder für einen anderen Mitarbeiter als Ihren Gesprächspartner entschieden haben, dann sollten Sie Ihre Entscheidung auch erläutern, zumindest dann, wenn Ihr Gesprächspartner eine solche
Erklärung wünscht. Eine ehrliche Aussage dient nicht nur dem
Gespräch, sie gibt Ihrem Gesprächspartner auch Informationen
über sich selbst, die er möglicherweise für seine Zukunftsplanung
brauchen wird.

Während Sie die konkrete Personalentscheidung möglicherweise
selbst getroffen und damit zu verantworten haben, gibt es bei betriebsbedingten Kündigungen eine Reihe von Punkten, auf die Sie
vermutlich keinen Einfluß hatten, z.b. der Umfang des Personalabbaus, das Standortkonzept, die Produktionslinie, die Um-
strukturierung usw. Hier sind Sie an die Entscheidungen Ihres Unternehmens gebunden. Darauf können Sie hinweisen. Eine Diskussion
über diese übergeordneten Entscheidungen wird in diesem Gespräch allerdings nichts bringen und lenkt eher von dem ab, was
sie mit dem Mitarbeiter zu besprechen haben. Eine solche Diskussion könnte Sie auch in Konflikt mit Ihrer Loyalität zu Ihrem
Unternehmen bringen. Versuchen Sie also, Grundsatzdiskussio-
nen zu vermeiden, und konzentrieren Sie sich auf den konkreten
Fall.

Umgehen mit Tränen

Da sich Ihr Gesprächspartner in einer sachlich und emotional
schwierigen Situation befindet, kann es leicht passieren, daß er
oder sie zu weinen beginnt. Besonders männlichen Führungskräften kann das sehr unangenehm sein, vor allem dann, wenn sie
es mit einer Gesprächspartnerin zu tun haben. Deshalb ein paar
Worte zu Tränen:

Wenn Sie schon lange nicht mehr geweint haben, dann können Sie
mit Ihrer Erinnerung in Ihre Kindheit zurückgehen. Sie werden
sich dann daran erinnern, daß es verschiedene Arten des Weinens
gab: aus Wut, aus Enttäuschung, aus Traurigkeit, aus Verzweiflung, aus Erleichterung. In den meisten Fällen ging dem Weinen
eine Phase der Verkrampfung voraus, der Erstarrung und der ge-

fühlsmäßigen Bewegungslosigkeit. Die Tränen brachten Bewegungen in Ihre Gefühle, und wenn Ihnen erlaubt war, sich auszuweinen, dann sah hinterher die Welt etwas anders aus, auch wenn sich an den Fakten nichts geändert hatte.

Weinen ist ein wichtiger psychischer Reinigungsvorgang, er putzt sozusagen die psychischen Kanäle durch und sorgt so dafür, daß die Energien gesammelt werden können, so daß sich die Aufmerksamkeit wieder der Realität zuwenden kann. Voraussetzung ist allerdings, daß das Weinen nicht gestoppt wird, daß der Weinende diesen "Reinigungsvorgang" nach seinem eigenen Rhythmus abschließen kann.

Wenn es Ihnen also passiert, daß Ihr Gesprächspartner zu weinen beginnt, geben Sie ihm zumindest Zeit. Bleiben sie einfach anwesend - nicht nur physisch, sondern auch mit Ihren Gefühlen und Ihrer Aufmerksamkeit. Signalisieren Sie mit Worten oder Gesten, daß das Weinen in Ordnung ist. Wenn Sie sich hilflos fühlen, hat das zum Teil damit zu tun, daß Sie die Hilflosigkeit Ihres Partners spüren und mitempfinden. Vielleicht gelingt es Ihnen dann auch, Ihren Gesprächspartner zu ermutigen, nicht zu früh sein Weinen zu unterdrücken, aber sie können auch einfach schweigend und mitfühlend dabei bleiben. Das ist "Trost spenden" im Gegensatz zu "trösten". (Es ist eine gute Idee, vorsorglich ein paar Papiertaschentücher in griffbereiter Nähe zu haben.)

Natürlich ist nicht auszuschließen, daß auch Ihnen Tränen in die Augen treten. Das ist keine Schande. Die großen griechischen Helden des Altertums, die bestimmt harte Männer waren, haben sich ihrer Tränen nicht geschämt.

Sachliche Klärungen
Ob Sie nur ein einziges Gespräch oder deren mehrere führen, am Ende sollte nach Möglichkeit die Sachebene wieder erreicht werden, in der sie klären, ob Fragen offen sind und welche nächsten Schritte anstehen. Einen solchen sachlichen Gesprächsabschluß zu finden hat einen praktischen und einen emotionalen Nutzen. Der praktische Vorteil liegt darin, daß Sie feststellen können, ob Sie sich mit Ihrem Gesprächspartner im Kreis drehen. Wenn auf der sachlichen Ebene nichts weitergeht, ist das ein deutlicher Hinweis, daß es auf der emotionalen Ebene noch Blockaden gibt, die erst aufgelöst werden müssen.

Aber auch für die emotionale Seite des Geschehens ist ein sachliches Gesprächsende hilfreich, denn Sie erreichen damit, daß Ihr Gesprächspartner wieder Bezug zur Realität bekommt und sich aktiv mit seiner Situation auseinandersetzt. Mit dem Zulassen von Gefühlen wird Energie mobilisiert, aber erst die Sachebene erlaubt es, effektiv zu handeln.

Richten Sie sich hier nach dem Zustand, in dem sich Ihr Gesprächspartner befindet. Braucht er noch Erläuterungen, zum Beispiel zum Sozialplan, sofern es einen gibt? Welche sind die konkreten Schritte, um das Arbeitsverhältnis zu beenden? Hat Ihr Gesprächspartner schon Ideen, was er nun unternehmen will? Haben Sie Ideen, die für die Zukunft Ihres Gesprächspartners hilfreich sein könnten? Kennt Ihr Gesprächspartner die Institutionen, an die er sich jetzt wenden kann oder muß? Können Sie ihm weiterhelfen, oder wissen Sie jemanden, bei dem er sich Auskünfte holen kann? Das sind Beispiele für einige Fragen. Um welche es sich handelt, hängt von der konkreten Situation ab. Aber Sie sollten sich von Ihrem Gesprächspartner nicht trennen, bevor Sie nicht beide wieder durch praktische Fragen festen Boden unter den Füßen haben. (Das Kapitel 6 dieses Buchs enthält eine Fülle von Hinweisen, was der Gekündigte nun tun kann)

Gesprächsaufbau
Der Aufbau eines Kündigungsgesprächs unterscheidet sich nicht wesentlich von dem Aufbau eines Mitarbeitergesprächs im allgemeinen. Darüber soll im folgenden Kapitel ausführlicher gesprochen werden. Hier geht es um die Anwendung allgemeiner Gesprächsprinzipien auf das Kündigungsgespräch.

Die Sachebene
Die persönliche Kontaktaufnahme am Gesprächsbeginn sollte lang genug sein, um allen Gesprächsbeteiligten zu erlauben, mit Ihrer Aufmerksamkeit bei dem nun folgenden Gespräch zu sein. Aber sie sollte nicht in small talk ausarten. In den meisten Fällen wissen die Beteiligten, worum es geht, und selbst wenn der Betroffene ahnungslos ist, weisen meistens die Gesprächsumstände darauf hin, daß "etwas in der Luft liegt". Eine zu lange Anfangsphase wird dann als Herumreden um den heißen Brei empfunden und erhöht eher das Unbehagen, als daß sie entspannend wirkt. Spätestens nach fünf Minuten sollten Sie zur Sache kommen.

Danach sollten Sie die Kündigung aussprechen und anschließend die Gründe dafür erläutern. Diese Reihenfolge ist wichtig, denn es gibt Führungskräfte, die zunächst die ganze Vorgeschichte referieren, bevor sie mit dem Ergebnis herausrücken. Für den Betroffenen ist das eine unnötige Folter, und er wird den Ausführungen kaum folgen können, weil er innerlich damit beschäftigt ist herauszufinden, worauf der Vorgesetzte hinaus will.[12] Er kann zwar auch von der Kündigung so getroffen sein, daß er kein offenes Ohr mehr für die Gründe hat, aber es bleibt ihm zumindest die quälende Ungewißheit erspart. Da die Wahrnehmungsfähigkeit Ihres Gesprächspartners durch den Schock eingeschränkt sein kann, müssen sie möglicherweise den Tatbestand der Kündigung wie auch die Begründungen dafür mehrfach wiederholen, bis sie ins Bewußtsein des Gekündigten gedrungen sind.

Gerade wenn Sie Mitgefühl mit dem Betroffenen haben, geraten Sie leicht in die Gefahr, in die Verteidigungsrolle zu verfallen und sich in eine Diskussion um Schuld und Umstände hineinziehen zu lassen. Wenn der Gekündigte den ersten Schock schon überwunden hat und in die aggressive oder depressive Haltung geht, werden Sie vermutlich sein erstes Angriffsziel sein. Versuchen Sie, dieser Gefahr zu entgehen, indem Sie so lange bei den Tatsachen bleiben, bis er die Fakten selbst zur Kenntnis genommen hat. Sie müssen deutlich machen – und das muß Ihrem Gesprächspartner klar werden –, daß über die Kündigung selbst nicht mehr diskutiert werden kann. Das muß nicht gefühllos geschehen, denn Sie können Ihr Mitgefühl auch ausdrücken, ohne sich in der Sache selbst auf eine Diskussion einzulassen.

Der Gesprächsverlauf wird unterschiedlich sein, je nachdem, um welchen Anlaß der Kündigung es sich handelt. Bei einer Kündigung aus persönlichen Gründen wird es darum gehen, nicht nur die Kritikpunkte aufzuzeigen, sondern auch die einzelnen Schritte wie Verwarnung, Abmahnung usw., die der Kündigung vorausgegangen sind, anzuführen. Daraus wird deutlich, daß die Kündigung arbeitsrechtlich gerechtfertigt ist, und dem Betroffenen

---

[12] Viele Lehrer hatten früher die Angewohnheit, bei der Rückgabe einer Klassenarbeit zunächst die Arbeit inhaltlich durchzusprechen und dann erst die Ergebnisse zu verkünden. Vielleicht haben Sie das auch erlebt. Dann wissen Sie, daß Sie der Besprechung der Fehler kaum Aufmerksamkeit schenken konnten, weil Sie mit Ihren Gedanken ganz bei der Ungewißheit waren, welche Zensur Sie wohl bekommen hatten.

muß damit klar werden, daß mit der Kündigung der Schlußpunkt unter einen seit längerem andauernden Konflikt gesetzt wird.

Bei einer Kündigung aus betriebsbedingten Ursachen gehört die Erläuterung des Sozialplans – sofern vorhanden – in diesen Teil des Gesprächs. Besonders wichtig ist dabei für den Betroffenen eine ausführliche Darstellung der sozialen Auswahl, die dazu geführt hat, daß er und nicht ein anderer Kollege von der Kündigung betroffen ist. Die Kündigung kann aber auch die Folge einer unternehmenspolitischen Entscheidung sein, die nicht zu einem Sozialplan führt und die deshalb der genauen Erläuterung bedarf. Auch wenn der Gekündigte aus seiner Sicht vielleicht nicht von der Notwendigkeit dieser Maßnahme überzeugt ist, hat er doch ein Recht darauf, umfassend über Ursachen und Hintergründe seiner Kündigung informiert zu werden.

Bei Führungskräften geht es häufig eher um eine Vertragsauflösung als um eine Kündigung im formalen Sinn. Hier müssen die Gründe für die Auflösung und die Modalitäten erläutert werden. Ziel eines solchen Gesprächs ist es, eine einvernehmliche Lösung zu erreichen. Das sollte der Vorgesetzte inhaltlich, aber auch durch die Gesprächsatmosphäre zum Ausdruck bringen. Es ist üblich, dem Betroffenen anzubieten, ihm bei der Suche nach einer neuen Tätigkeit behilflich zu sein oder ihn eventuell durch eine Outplacement-Beratung zu unterstützen. Das Gespräch endet mit einer Vereinbarung über einen nächsten Termin, bei dem dann die Modalitäten endgültig verhandelt werden.

Was immer der Grund für die Kündigung ist, der Vorgesetzte kann je nach Lage der Dinge einige Hilfsangebote machen. Neben der Unterstützung bei der Suche nach einer neuen Arbeit können sie darin bestehen, dem Betroffenen Referenzen oder ein positives Zeugnis in Aussicht zu stellen, ihm bei der Regelung zum Beispiel der Freistellung oder der Fahrzeugnutzung entgegenzukommen. Bei einem Personalabbau in größerem Umfang gibt es vielleicht auch Kontakte zu Einrichtungen außerhalb der Firma, die bei einer Kündigung helfend und beratend zur Seite stehen.

Die emotionale Ebene

Wie schon gesagt, Sachebene und emotionale Ebene wechseln in einem Gespräch. Im menschlichen Erleben ist die emotionale Ebene gegenüber der Sachebene dominant, das heißt, daß wir auf der Sachebene nicht mehr klar zuhören und logisch denken können, wenn wir von Gefühlen überflutet werden. Gefühle sind genau so real wie Daten und Fakten, man kann sie deshalb auch nicht wegdiskutieren. "Nun nehmen Sie sich mal zusammen!" oder "So schlimm ist es ja nun auch wieder nicht" – das sind Arten von Bemerkungen, die wenig hilfreich sind. Sie ändern nichts am Vorhandensein der Gefühle, sondern führen zu zusätzlicher Konfusion, denn der Betroffene ist nicht nur mit der Bewältigung seiner Gefühlsenergien beschäftigt, er soll nun auch noch verarbeiten, daß er diese Gefühle nicht haben darf.

Gefühle, mit denen Sie in diesem Zusammenhang rechnen müssen, sind: Überraschung, Hilflosigkeit, Angst, Verzweiflung, Selbstbeschuldigung und Selbstmitleid, Trauer, Ärger, Wut. (Manchmal läßt sich überraschenderweise auch Erleichterung beobachten, wenn es sich bei der Kündigung um das Ende einer belastenden Konfliktsituation handelt.)

Diese Gefühle können sehr unterschiedlichen Ausdruck annehmen. Sie können entweder nach innen gerichtet sein (Implosion), dann ist der äußere Ausdruck Schweigen, Unbeweglichkeit, Erstarrung. Sie können auch nach außen gerichtet sein (Explosion), dann werden sie in den uns bekannten Formen ausgedrückt, also zum Beispiel Schreien und heftige Bewegung bei Wut und Ärger, Tränen bei Trauer und Hilflosigkeit, Selbstmitleid durch Jammern usw. Sie können aber auch verdeckt werden (Umleitung), indem die Gefühle hinter einer sachlichen Fassade versteckt werden. In diesem letzten Fall ist am schwersten festzustellen, ob der Gesprächspartner unter starkem Gefühlsdruck steht. Erkennen kann man diesen Zustand am besten daran, das trotz scheinbar sachlichen Verhaltens Informationen nicht aufgenommen und Argumente nicht überprüft werden, wenn sich das Gespräch also im Kreis dreht.

Wie können Sie reagieren, wenn Sie ihm nicht – wie es meist passiert – seine Gefühle ausreden wollen. Zunächst ist es für Sie selbst wichtig, sich klar zu machen, daß Sie für die Gefühle Ihres Gesprächspartners zwar Verständnis haben, aber nicht verantwortlich sind. Gefühle sind ein innerpersonaler Vorgang, der zwar durch äußere Ereignisse ausgelöst werden kann, der aber in der Verantwortung des Betroffenen liegt. Vermutlich sind Sie in diesem Fall der Auslöser, oder besser, die Botschaft, die Sie überbringen, löst die Gefühle aus. Aber Art und Intensität des Gefühls "macht" der andere. Sie können keine Verantwortung für sein Leben, für sein Glück oder Unglück, für seine Leistungen oder seine Fehlleistungen übernehmen. Sie können lediglich ein aufmerksamer und verständnisvoller Partner im Gespräch sein.

Für diese partnerschaftliche Reaktion gibt es im Prinzip zwei Ausdrucksformen: Zuhören und die Bestätigung, daß die Gefühle verständlich sind und ausgedrückt werden dürfen. Zuhören heißt nicht teilnahmslos dabei sitzen, bis der Partner sich ausgetobt oder ausgeweint hat. Zuhören heißt auch nicht, sich zu rechtfertigen ("Ich kann schließlich nichts dafür!"). Zuhören heißt, aufmerksam zu sein, auch wenn Sie nichts sagen, heißt, dem Partner Zeit und Gelegenheit zu geben, das zu sagen und zu zeigen, was ihn im Moment bewegt.

Die sprachliche Form für das aktive Zuhören wie auch für das Verständnis-Zeigen kann sein: "Ich kann gut verstehen, daß Sie von dieser Nachricht überrascht sind..." (wenn der Partner schon Gefühle zeigt) oder "Wie geht es Ihnen denn nun, nachdem Sie diese Nachricht erhalten haben?" (wenn der Partner "erstarrt"). Zeit geben, Aufmerksamkeit schenken und Geduld haben sind heutzutage sehr rare Gaben. Mit diesem Verhalten können Sie einem Menschen in einer Krise mehr helfen als mit Beschönigung der Situation oder Versprechungen, die Sie nicht einhalten können.

Besondere Schwierigkeiten werden Sie vermutlich bekommen, wenn der Gekündigte Sie persönlich angreift oder hinter Ihrem Rücken gegen Sie vorgeht. Sie haben das Recht, sich gegen unfaire Attacken zu schützen, aber vermeiden Sie, zum Gegenangriff überzugehen. Ihr Partner ist ohnehin in einer schwachen Position. Seine Maßnahmen sind oft Ausdruck der Verzweiflung und der Hilflosigkeit. Sie werden abnehmen, wenn die dritte Stufe des Kündigungsverlaufs einsetzt, das Abschiednehmen. Je mehr Sie gegen den Partner ankämpfen, desto mehr Energie führen Sie seiner Aggression zu, und desto weniger wird er in der Lage sein, sich realistisch mit seiner Situation auseinanderzusetzen.

Wenn Ihr Partner innerhalb eines Gesprächs oder in einer Serie von Gesprächen einen Zustand erreicht hat, in dem er der Realität ins Auge schauen kann, können Sie meist wieder auf die sachliche Ebene wechseln. Nun haben Sie die Aufmerksamkeit des Betroffenen für konkrete Vereinbarungen und Hilfsangebote. Jetzt können Sie auch über seine Stärken und Schwächen mit ihm sprechen, und zwar auch dann, wenn seine Schwächen nicht der Kündigungsgrund waren. Ein offenes Gespräch über seine Qualitäten und seine Mängel kann ihm für seinen weiteren Berufsweg von Nutzen sein, und die spezielle Sicht, die Sie als sein Vorgesetzter haben, kann für ihn von großer Bedeutung sein.

Ob Sie sich selbst zutrauen, den Gekündigten durch diese Phasen zu begleiten, hängt zum einen von Ihren Erfahrungen und Fähigkeiten, zum anderen von Ihrem Gesprächspartner ab. Die wenigsten Führungskräfte haben eine spezielle Ausbildung im Umgang mit emotionalen Extremsituationen. Wenn Sie sich überfordert fühlen, sollten Sie nicht kurzerhand das Gespräch abbrechen und den Gekündigten einfach seinem Schicksal überlassen. Suchen Sie für sich selbst oder für den Betroffenen professionelle Hilfe. Wir haben im zweiten Kapitel darauf hingewiesen, daß Sie als Führungskraft hier auch ein Recht auf Unterstützung durch Ihr Unternehmen haben.

Als letzter Schritt bleibt häufig nur, für einen würdigen Abschied zu sorgen. Mitarbeiter, die die Schlösser zu ihrem Arbeitszimmer am Tag Ihrer Kündigung schon ausgewechselt finden, fühlen sich mit Recht zusätzlich gekränkt.[13] Je nach Ursache der Kündigung wird ein solcher Abschied unterschiedlich ausfallen, aber es macht für den weiteren Lebensweg einen großen Unterschied, ob der Gekündigte davongejagt und vergessen wird oder ob das Ende der Beschäftigung dem bisherigen Mitarbeiterstatus angemessen gestaltet wird.

Ob Ihre Gesprächsführung oder die professionelle Hilfe für den Gekündigten erfolgreich waren, können Sie an folgenden "Qualitätskriterien eines Kündigungsverlaufs" feststellen:

1. Die Informationen kommen an.
2. Der Mitarbeiter wird nicht unnötig verletzt und gekränkt.
3. Achtung und Würde aller Beteiligten bleiben gewahrt.
4. Der Mitarbeiter merkt, daß er nicht im Stich gelassen wird.
5. Der Mitarbeiter wird in seinem Krisenverlauf begleitet.
6. Die angestrebten Ziele werden erreicht.
7. Dem Vorgesetzten gelingt es, seine eigenen Gefühle und seine Gefühle für den Betroffenen auszudrücken.

---

[13] Vergl. Josef Mues, a.a.O.

Sie werden sicher Kollegen haben, die in der gleichen Situation sind wie Sie. Sprechen Sie mit ihnen, tauschen Sie sich über Ihre Erfahrungen aus. Geben Sie sich gegenseitig Unterstützung und scheuen Sie sich nicht, mit ihnen über Ihre Schwierigkeiten zu sprechen. Das entlastet Sie nicht nur, Sie können vielleicht auch wertvolle Hinweise bekommen. Und Ihre Kollegen können ebenfalls von Ihren Erfahrungen profitieren.

Wir hoffen, daß dieses Kapitel Ihnen einige Anregungen gegeben hat, wie Sie mit der Extremsituation eines Kündigungsgesprächs umgehen können. Leider können wir Ihnen nicht versprechen, daß Ihre Kündigungsgespräche reibungslos und unproblematisch verlaufen, wenn Sie sich an unsere Empfehlungen halten. Jeder Mensch reagiert auf extreme Belastungssituationen anders. Das gilt für Sie genauso wie für Ihren Gesprächspartner. Vielleicht ist es trotz guten Willens zu einer häßlichen Auseinandersetzung gekommen, vielleicht ist es Ihnen nicht gelungen, mit Ihrem Gesprächspartner in Kontakt zu kommen, weil er ängstlich, mißtrauisch oder deprimiert war. Aber dennoch können Sie sich sagen, daß Sie mit besten Absichten getan haben, was in Ihrer Macht lag.

Der Rest ist Hilflosigkeit, die Ihnen vermutlich nicht erspart bleibt. Für eine erfolgreiche Führungskraft ist Hilflosigkeit das meistgefürchtete Gefühl. Und doch liegt gerade in diesem Gefühl auch eine Chance. Ist es nicht vermessen zu glauben, daß wir jede Situation im Griff haben, jedes Problem meistern können, jede Angelegenheit elegant vom Schreibtisch bringen? Extremsituationen, wie sie umfangreiche Personalabbauphasen darstellen, stoßen uns auch auf die Grenzen unserer Möglichkeiten. Vielleicht verhelfen sie damit zu mehr Nachdenklichkeit, Vorsicht und Beachten der Folgen unseres Handelns. Wer möchte schon mehrmals in seinem Berufsleben Serien von Kündigungsgesprächen führen? Vielleicht können Sie selbst dazu beitragen, daß Sie nie wieder in diese Lage kommen.

4.4 Zusammenfassung

Dieses Kapitel beschäftigt sich mit den Besonderheiten eines Kündigungsgespräch. Sollten Sie bisher keine oder nur wenige Erfahrungen mit Mitarbeitergesprächen haben, empfehlen wir Ihnen, zunächst das Kapitel 5 zu lesen.

Im Zentrum dieses Kapitels steht die Überlegung, wie Sie mit einem Menschen, dem gegenüber Sie eine Kündigung aussprechen müssen, respektvoll umgehen können. Das bedeutet auf der sachlichen Ebene, Klarheit herzustellen, und auf der emotionalen Ebene, sich den Gefühlen, die bei beiden Gesprächspartnern auftreten, zu stellen.

Dieses Kapitel gibt Hinweise, wie Sie sich schon im Vorfeld verhalten sollten, wie Sie sich innerlich und sachlich auf ein Kündigungsgespräch vorbereiten können, und welche Voraussetzungen Sie für das Gespräch treffen sollten.

Ihre Gesprächshaltung sollte durch Sachlichkeit und Verständnis geprägt sein. Wie Sie sich darauf einstellen können, wird erläutert, wobei schwierigen Situationen, wie zum Beispiel Weinen, besondere Aufmerksamkeit gewidmet wird.

Im Abschnitt "Gesprächsaufbau" wird beschrieben, wie Sie einen Gesprächsrhythmus zwischen Sach- und Beziehungsebene finden können. Am Ende des Kapitels finden Sie einige Hinweise, woran Sie erkennen können, ob das Kündigungsgespräch oder die Kündigungsgespräche erfolgreich verlaufen sind.

5. Grundlagen der Gesprächsführung

Nicht alle Führungskräfte haben in ihrem Unternehmen die Möglichkeit, sich im Rahmen von Weiterbildungsprogrammen mit Führungsinstrumenten vertraut zu machen. Vor allem in kleineren Unternehmen herrscht vielfach immer noch die Ansicht vor, Führungsfähigkeiten seien angeboren, man habe sie eben oder man habe sie nicht. Schon deshalb wird wenig Wert darauf gelegt, daß sich die Vorgesetzten mit der Führung von Menschen auseinandersetzen. Aber auch in größeren Unternehmen gibt es viele Chefs, die noch nie ein Führungsseminar besucht haben.

Für diesen Personenkreis, der in diesem Buch erstmals mit Formen und Verhaltensweisen im Mitarbeitergespräch konfrontiert ist, mögen viele Überlegungen, die wir in den beiden vorigen Kapitels angestellt haben, fremd erscheinen. Wir wollen ihnen deshalb einige Hinweise darüber geben, auf welchen Grundüberlegungen unsere Vorschläge beruhen und welche praktischen Möglichkeiten sie haben, sich in dem "weiten Land" menschlicher Beziehungen zu bewegen.

5.1 Der Kommunikationseisberg

Wenn zwei Menschen sich zu einem Gespräch zusammenfinden, dann haben sie etwas miteinander zu bereden. Es geht also darum, Informationen auszutauschen, sie gemeinsam zu bewerten und daraus Schlußfolgerungen zu ziehen. Hunderte solcher Gespräche führen wir tagtäglich, und sie verlaufen völlig problemlos, weil es um nichts anderes als diese Sache geht.

Es gibt aber Gespäche, die komplizierter sind, und Kündigungsgespräche gehören ohne Zweifel zu dieser komplizierteren Sorte von Gesprächen. Denn in ihnen geht es nicht nur um eine Sache, sondern auch um die Gefühle, die die beiden Gesprächspartner mit dem Thema "Kündigung" verbinden. Sie sind es, die das

Gespräch schwierig machen, nicht so sehr die Sache selbst. Diese Gefühle entstehen zum einen durch die Folgen, die die Kündigung zumindest für den einen der beiden Gesprächspartner hat: Angst vor der Zukunft, Verletzung des Selbstwertgefühls durch das tatsächliche oder scheinbare Mißerfolgserlebnis, Scham vor den Nachbarn usw. Sie entstehen aber auch in der Beziehung, die zwischen den beiden Gesprächspartnern bisher bestanden hat oder im Zuge des Kündigungsvorgangs aufgebaut wird: Dem Gesprächspartner gegenüber können von beiden Seiten aus Ärger, Enttäuschung, Schuldgefühle usw. auftauchen.

In unserer von Sachzwängen beherrschten Kultur haben wir nur wenig Erfahrungen, mit Gefühlen umzugehen, besonders mit unangenehmen. Deshalb versuchen wir, Situationen auszuweichen, die uns mit solchen Gefühlen konfrontieren, oder wir bemühen uns, wenn wir eine solche Situation schon nicht vermeiden können, sie so sachlich wie möglich abzuhandeln. Mit anderen Worten, wir versuchen die Gefühle zu ignorieren. Dabei verhalten wir uns aber wie das kleine Kind, daß sich die Augen zuhält und glaubt, dann sei der große Hund weg, vor dem es sich fürchtet. Durch das Ausklammern ("Wir sollten das Thema ganz emotionslos und sachlich angehen!") sind aber die Gefühle genauso wenig verschwunden wie der böse Hund beim Schließen der Augen.

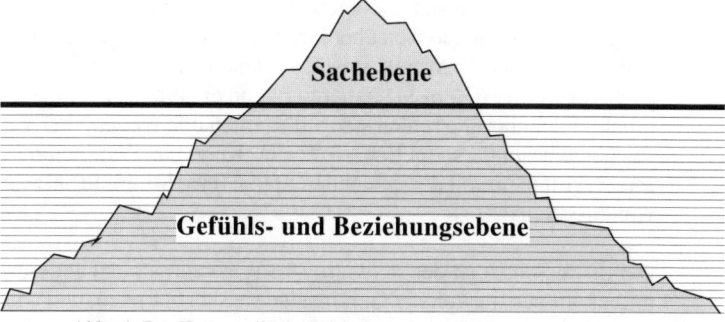

Abb.: 1 Der Kommunikationseisberg

Schlimmer noch: durch das Ignorieren verstärken sich die Gefühle, sie gewinnen an Energie, und irgendwann können sie nicht mehr unter Kontrolle gehalten werden. Sie entladen sich in Wut- oder Tränenausbrüchen, in ungerechtfertigten Anschuldigungen oder in Verzweiflung. Wie bei einem Eisberg spielt sich der geringste

Teil, nämlich der sachliche Aspekt, auf der Oberfläche ab, während die Gefühle den unsichtbaren Unterbau ausmachen, der beim Navigieren durch ein Gespräch leicht zur unbeabsichtigten Kollision führt. Um solche Zusammenstöße möglichst zu vermeiden, muß unser inneres Radar auf diese "Unterschicht" des Gesprächs eingestellt sein. Aber wie geht das?

Der erste Schritt besteht darin, Gefühle generell genauso ernst zu nehmen wie Daten und Fakten. Sie erst machen die menschliche Qualität von Beziehungen aus. Sie haben ein Recht darauf, in einem Gespräch anwesend zu sein und Beachtung zu finden.

Der zweite Schritt besteht darin, die eigenen Gefühle für wichtig zu halten. Sie können das leicht an Ihren eigenen Stimmungsschwankungen beobachten: An manchen Tagen geht Ihnen die Arbeit mit Freude und Energie von der Hand, an anderen Tagen tun Sie sich schwer damit. Wenn Sie sich an schwierigen Tagen einen Moment Zeit nehmen und darüber nachdenken, woher diese Schwere und dieser Mißmut kommen, werden Sie häufig eine Ursache finden: Vielleicht ist es das Wetter, vielleicht haben Sie private Sorgen, vielleicht haben Sie zu wenig geschlafen oder am Abend vorher zu viel getrunken. Was immer der Grund sein mag, wenn Sie der Ursache Aufmerksamkeit gewidmet haben, werden Sie feststellen, daß sich ihre Stimmung ganz leicht verändert: Sie erlauben sich vielleicht, heute etwas kürzer zu treten, Sie geben dem Nachdenken über Ihre Sorgen ein wenig Raum und kehren dann an Ihre Arbeit zurück, vielleicht entspannen Sie sich auch ein wenig, indem Sie anderen davon erzählen, was Sie bedrückt; oder aber Sie reißen sich am Riemen und wissen, daß Sie das heute besonders viel Energie kostet. Kurz: das Wahrnehmen Ihrer Gefühle nimmt der quälenden Spitze Ihrer Stimmung etwas von ihrer Schärfe.

Der dritte Schritt ist der schwierigste: Wie kann ich bei anderen mitbekommen, in welcher Gefühlslage sie sich befinden, und wie kann ich in einem Gespräch darauf reagieren? Das ist nicht so einfach, weil nicht nur Sie, sondern auch Ihr Gesprächspartner gelernt hat, Gefühle hinter einer emotionslosen Fassade zu verbergen. Dennoch gibt es Hinweise, die Sie bemerken können.

In den meisten Fällen können Sie schon bei einem bestimmten Thema damit rechnen, daß Gefühle entstehen. Kündigungen gehören ganz sicher dazu, aber auch Kritikgespräche mit dem Mitarbeiter treffen vermutlich seine Gefühlsbalance. Es wäre verwunderlich, ja unwahrscheinlich, wenn Ihr Partner nicht betroffen wäre. Zeigt er tatsächlich keine Reaktionen, so hält er sie vermutlich zurück, was nicht heißt, daß ihn tatsächlich keine Gefühle erfüllen, die seine Wahrnehmungsfähigkeit und seine Einsichten reduzieren.

Aber es gibt noch weitere Signale, die eher im Körperausdruck liegen. Sie hängen damit zusammen, daß wir anderen nicht gerne unsere Gefühle zeigen. Wir neigen deshalb in solchen Fällen dazu, den Augenkontakt zu vermeiden, zu schweigen und eine möglichst große räumliche Distanz herzustellen. Konstantes Wegsehen, Schweigen und Sich-in-den-Sessel-verkriechen können also Hinweise auf eine Präsenz unangenehmer Gefühle bei dem Gesprächspartner sein. Ebenso können einsilbige Antworten, stockendes Reden und eine leise Stimme Hinweise geben. Wenn Sie Ihren Partner schon länger kennen, werden Sie keine Mühe haben, solche Signale wahrzunehmen, denn sein Verhalten unterscheidet sich deutlich von dem, was sie aus unkomplizierten Situationen von ihm kennen.

Nun kommt der schwierigste Teil: das Ansprechen dieser Gefühle. Er ist deshalb so schwierig, weil wir leicht die Anforderung an uns stellen, Gefühle ändern zu wollen. Wir möchten erreichen, daß der andere diese unangenehmen Gefühle nicht hat, daß er sie los wird. Das ist meistens nicht zu erreichen. Es wäre auch vermessen, wenn wir uns zum Herrn über die Gefühle anderer Menschen machen wollten. Gefühle sind, wie gesagt, Daten und Fakten. Mit guten Worten können Sie auch kein leeres Bankkonto wieder füllen. Aber sie können durch das Ansprechen von Gefühlen Ihren Partner von dem Druck befreien, sie verbergen zu müssen.

Wenn Sie dazu bereit sind, dann wird es einfach. Sie müssen nur fragen, wie es ihm (oder ihr) mit dieser Information geht, wie er (oder sie) sich fühlt. Und dann ist es vor allem an Ihnen zuzuhören. Wenn Sie keinen Drang mehr zum Verändern der Gefühle, zum Wegwischen oder Beseitigen verspüren, dann können Sie einfach zuhören und Ihr Verständnis ausdrücken. ("Ich kann verstehen, daß Sie das so empfinden.") Sachlich vergeben Sie sich dabei nichts, aber Sie kommen mit Ihrem Partner wieder in Kontakt, Sie tauchen sozusagen unter die Oberfläche des Eisbergs und signalisieren damit Ihrem Partner, daß Sie den Unterbau geortet haben, der zum Eisberg gehört wie die Oberfläche.

Aber es kann natürlich vorkommen, daß Ihr Partner sich Ihnen nicht öffnet. Gerade in einem Kündigungsgespräch hält er Sie vielleicht eher für seinen Feind als für einen verständnisvollen Freund. Sie werden sich wahrscheinlich durch seine schroffe Reaktion in Ihrem Bemühen zurückgewiesen fühlen, aber Sie werden feststellen, daß trotzdem wieder Bewegung in Ihr Gespräch gekommen ist. Sie müssen die Gefühlsebene nicht vertiefen, es reicht, daß Sie Ihr Verständnis deutlich gemacht haben.

Eine zweite Quelle von Gefühlen entsteht aus der Beziehung zwischen den Gesprächspartnern. Anders als bei einem Gespräch zwischen Freunden handelt es sich bei einem Mitarbeitergespräch immer um eine ungleichgewichtige Beziehung zwischen einem Vorgesetzten und einem Mitarbeiter, denn im allgemeinen besteht ein Machtgefälle zwischen dem Chef und dem Mitarbeiter. Von diesen unterschiedlichen Rollen werden auch die gegenseitigen Erwartungen geprägt.

Diese Erwartungen können enttäuscht werden, wenn der Mitarbeiter seinen Vorgesetzten für mächtiger hält, als er tatsächlich ist ("In Ihrer Position hätten Sie doch die Kündigung verhindern können!"), während zum Beispiel der Chef den Mitarbeiter für einsichtiger hält, als er ist ("Versetzen Sie sich doch mal in meine Lage!"). Nun neigen wir leider dazu, an unseren Irrtümern festzuhalten. Wir korrigieren meist die Erwartungen an den anderen nicht, sondern unterstellen ihm Feigheit, Bockigkeit, mangelnde Verständnisbereitschaft usw. Die Konsequenz ist, daß wir unsere Position verhärten, auf unserer Ansicht beharren und unsere Meinung vom anderen immer schlechter wird. Paul Watzlawick[14], der bekannte Kommunikationstheoretiker, sagt, wir neigen dazu, "mehr vom Selben" zu tun, statt unser Verhalten und unsere Einstellungen dem anderen gegenüber entsprechend unserer Erfahrung zu korrigieren.

Das ist menschlich, aber in der Kommunikation außerordentlich störend und ein häufiger Anlaß von Kommunikationszusammen-

---

[14] Paul Watzlawik, Anleitung zum Unglücklichsein, 1983, Piper Verlag, München/Zürich. Übrigens ein sehr kurzweilig geschriebenes Buch, das in feuilletonistischer Form die "Alltagsneurosen" behandelt.

brüchen. Es ist deshalb wichtig zu verstehen, wie solche "Fehler" in der Kommunikation auftreten und wie man sie verhindern kann. Dazu helfen die folgenden Überlegungen:

5.2 Wahrnehmen – Vermuten – Reagieren

Wenn wir uns genau überlegen, wie eine Reaktion auf eine anderen Person entsteht, dann stellen wir fest, daß sie unbewußt drei Stufen durchläuft:

- Wir machen mit unseren fünf Sinnen eine Wahrnehmung an einem anderen Menschen,
- wir interpretieren diese Wahrnehmung innerlich, das heißt, wir stellen eine Vermutung darüber an, was sie zu bedeuten hat,
- und auf diese Interpretation hin reagieren wir.

Wir reagieren also nicht direkt auf die Wahrnehmung selbst, sondern zwischen Wahrnehmung und Reaktion liegt der Filter unserer Interpretation, unserer Meinung oder unseres Glaubens. Im Alltag verwechseln wir leicht diesen Unterschied und glauben deshalb, das, was der andere getan hat, habe unsere Reaktion unmittelbar ausgelöst.

Das sei an einem Beispiel erläutert:

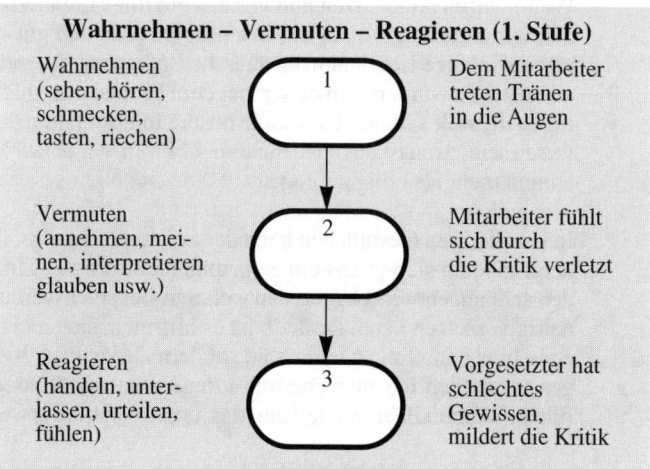

Wahrnehmen – Vermuten – Reagieren (1. Stufe)

Wahrnehmen (sehen, hören, schmecken, tasten, riechen)	**1**	Dem Mitarbeiter treten Tränen in die Augen
Vermuten (annehmen, meinen, interpretieren glauben usw.)	**2**	Mitarbeiter fühlt sich durch die Kritik verletzt
Reagieren (handeln, unterlassen, urteilen, fühlen)	**3**	Vorgesetzter hat schlechtes Gewissen, mildert die Kritik

Abb.: 2 Wahrnehmen – Vermuten – Reagieren

In diesem Beispiel aus einem Kritikgespräch sieht der Vorgesetzte, daß dem Mitarbeiter Tränen in die Augen treten. Er bekommt ein schlechtes Gewissen und mildert seine Kritik ab. Das schlechte Gewissen wurde aber nicht unmittelbar durch die Tränen ausgelöst, sondern durch die Meinung des Vorgesetzten, die Tränen hätten etwas mit Inhalt oder Form seiner Aussage zu tun. Die Tränen könnten aber auch ganz andere Ursachen haben: Rauch, der dem Mitarbeiter in die Augen geraten ist, ein unterdrückter Hustenreiz, eine Erkältung oder eine plötzliche Erinnerung an eine traurige Situation. In diesem Fall wäre also die Reaktion des Vorgesetzten ganz unangemessen, da er selbst gar nicht die Ursache für die Tränen war.

Reaktionen müssen nicht immer aus Handlungen oder Worten bestehen. Sie können auch Meinungen oder Urteile sein, die der Vorgesetzte innerlich bildet, sie können im Zurückhalten von Handlungen bestehen oder in Gefühlen, z.b. sich durch die Tränen unangenehm berührt zu fühlen. Immer aber sind sie unmittelbare Folgen der Interpretation, die in dem Vorgesetzten abgelaufen ist.

Gegen diese sehr menschliche Verhaltensweise können wir uns nur schwer schützen, denn sie ist im Alltag überaus nützlich. Erlaubt sie uns doch, ohne langes Nachdenken schnell zu handeln. Wenn wir im Auto sitzen und vor uns ein rotes Licht sehen, steigen wir ohne Zögern auf die Bremse. Das ist auch gut so, denn wenn wir lange Überlegungen über die Bedeutung des roten Lichtes anstellen würden, kämen wir mit dem Bremsen zu spät und gerieten in große Gefahr. Und sollte unsere Interpretation falsch gewesen sein, dann ist das auch nicht so schlimm, wir hätten lediglich einmal mehr als nötig gebremst.

In schwierigen Gesprächen kann der Schaden schon größer sein, denn es kann sich in uns ein ganz ungerechtfertigtes Urteil über den anderen entwickeln, das den weiteren Gesprächsverlauf nachhaltig verzerren kann. Deshalb ist es hilfreich, sich nicht auf die erste Interpretation zu verlassen, sondern alternative Überlegungen anzustellen, die möglicherweise zu ganz anderen Konsequenzen führen können. Wir können nun das Tränenbeispiel erweitern:

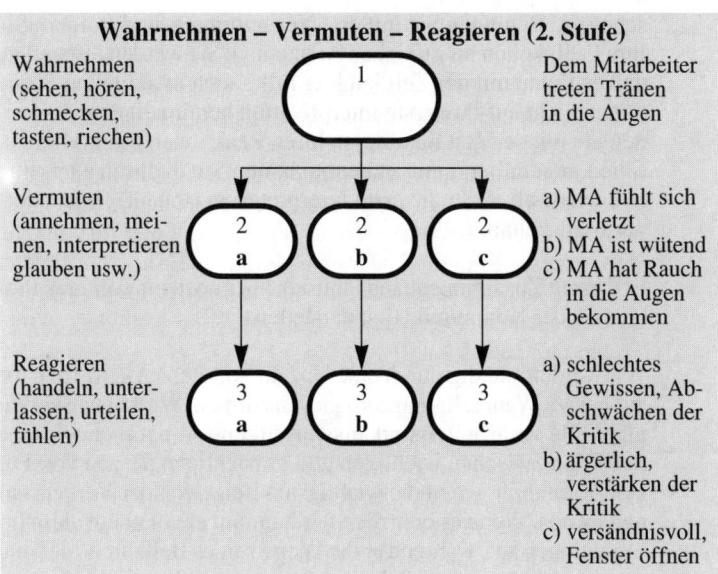

Abb.: 3 Wahrnehmen – Vermuten – Reagieren

Sie sehen, daß unterschiedliche Vermutungen über die Ursachen der Tränen zu gänzlich verschiedenen, ja gegensätzlichen Reaktionen führen können.

Nun ist es sicher in einer angespannten Situation eines Gesprächs sehr unwahrscheinlich, daß Sie sich zurücksetzen und drei Vermutungen anstellen, bevor Sie reagieren. Wenn Sie trotzdem diese Gesprächsfalle so weit wie möglich vermeiden wollen, empfehlen wir Ihnen zwei Übungen:

Analysieren Sie immer wieder Gespräche, die einen schlechten Verlauf genommen haben, nach diesem Schema: Welche Wahrnehmungen haben Sie gemacht, was waren Ihre Vermutungen und Interpretationen, und wären Sie zu anderen Reaktionen gekommen, wenn Sie andere Vermutungen angestellt hätten?

Nehmen Sie im Alltag so viele Gelegenheiten wie möglich wahr, um unterschiedliche Vermutungen anzustellen. Wenn Sie beispielsweise irgendwo warten müssen, stellen Sie die unterschiedlichsten Vermutungen über die Situation oder über andere Menschen an. Beginnen Sie mit drei Vermutungen, und steigern Sie Ihre Fähigkeiten bis zu sieben Annahmen. Sie werden feststellen, daß es Ihnen mit der Zeit leichter fällt, auch in aktuellen Situationen nicht auf Ihre erste Interpretation hereinzufallen. So werden Sie mit der Zeit flexibler in Ihren Reaktionen Ihren Mitmenschen gegenüber – und nebenbei bauen Sie dadurch auch Ihre Vorurteile ab, denn die erste Interpretation ist häufig besonders vorurteilsbehaftet.

In diesem Zusammnenhang läßt sich aber noch ein weiteres Problem in der Kommunikation darstellen:

Wir werden ständig durch eine Unzahl von Reizen getroffen, die auf unsere Wahrnehmungsorgane einstürmen. Wir können sie gar nicht alle verarbeiten und auswerten, und so nehmen wir eine Selektion zwischen wichtigen und unwichtigen Reizen vor. Für den Autofahrer gehen die wichtigsten Reize von der Verkehrssituation aus. Wenn es brenzlich wird, nimmt er vor allem diese Informationen auf, während er die Worte seines Beifahrers, der ihm von seinen häuslichen Schwierigkeiten erzählt, nicht mehr mitbekommt. Das ist gut so, denn sonst sähen unsere Unfallstatistiken noch viel schlechter aus.

Im Umgang mit anderen Menschen stehen wir im Prinzip vor dem gleichen Problem der Selektion von Reizen. Hier aber ist das Kriterium, nach dem wir auswählen, ein anderes. Wir neigen nämlich dazu, nur die Informationen in uns aufzunehmen, die ein bisheriges Urteil, das wir in uns gebildet haben, bestätigen, während solche Informationen, die uns irritieren könnten, es schwerer haben, in unser Bewußtsein zu dringen. Wenn Sie feststellen, daß ein Mitarbeiter häufiger zu spät kommt, werden Sie in Zukunft vermutlich nur mitbekommen, wenn er wieder unpünktlich ist, aber nicht registrieren, wenn er zur rechten Zeit kommt. Und nach einiger Zeit sagen Sie aus voller Überzeugung: "Sie kommen immer zu spät!"

Gegen diesen Mechanismus der selektiven Wahrnehmung hilft nur genaue und gezielte Beobachtung. Sie sehen aus dem Beispiel im vorigen Absatz, daß dieses Phänomen besonders bei Beurteilungen zu beachten ist, denn hier hat es leicht unangenehme Folgen. Und wenn diese Beurteilungen auch noch zu Kündigungen führen, dann ist besondere Sorgfalt angebracht. Gerade dann, wenn

Sie auf einen Mitarbeiter einen "Pik" haben, sollten Sie sich also um genaue und vorurteilsfreie Beobachtung bemühen. Spätestens in einem Arbeitsgerichtsprozeß könnte sich das auszahlen.

5.3 Projektionen

Und noch ein letzter Aspekt sei hier kurz beschrieben, der unsere Kommunikation wesentlich beeinflußt. Der Volksmund sagt: „Er schließt von sich auf andere." Das ist nicht selten eine richtige Beobachtung, denn wir neigen dazu, unseren eigenen Maßstab an andere anzulegen. Wenn wir uns über etwas ärgern, unterstellen wir, daß das auch jeden anderen zur Raserei bringt; wenn wir uns vor etwas fürchten, meinen wir, daß dieses Ereignis auch anderen Angst einflößen muß. Aber es geht noch weiter: Wenn wir einen Fehler bei uns entdeckt haben, nehmen wir es anderen besonders übel, wenn sie auch diesen Fehler zeigen. (Sagt ein Vollschlanker zu einem Dicken: „Was ich an Ihnen nicht mag, ist, daß Sie so wenig auf Ihr Gewicht achten.") Wenn uns eine positive Eigenschaft abgeht, die ein anderer hat, dann neiden wir sie ihm manchmal, leugnen sie oder verkehren sie in ihr Gegenteil. (Sagt der Schüchterne über den Selbstbewußten: „Mein Gott, ist der arrogant!")

Diesen Vorgang nennt man „Projektion", das heißt, daß wir dazu neigen, unser Selbstbild auf andere zu projizieren wie ein Filmprojektor Bilder auf eine weiße Leinwand wirft: Ängste, die wir haben, unterschieben wir dem anderen, unsere eigenen Fehler finden wir im anderen besonders ausgeprägt, Schuldgefühle laden wir auf anderen ab. Ein Beispiel dafür haben wir im zweiten Kapitel beschrieben, als wir die Geschichte zwischen dem gekündigten Herrn Jäger und seinem Vorgesetzten, Herrn Gruber, geschildert haben: Als Herr Gruber die Einsicht nicht mehr vermeiden kann, daß er sich den falschen Mitarbeiter ausgesucht hat, "geht er zum Gegenangriff über", das heißt, er projiziert sein eigenes Versagen auf Herrn Jäger.

Zu solchen Projektionen kommt es leicht in Kündigungsgesprächen, weil sie emotional besonders aufgeladen sind: Keiner fühlt sich wohl in seiner Haut, und vor diesem Unbehagen schützen sich beide Seiten gerne dadurch, daß sie ihre negativen Gefühle auf den anderen übertragen. Aber dadurch entsteht leicht ein Gefühls- und Argumentationschaos, daß nur noch schwer zu entwirren ist.

Gerade wenn Sie derjenige sind, der diese Kündigung durchführen muß, ist dieses Phänomen in doppelter Weise für Sie wichtig:

Erstens unterliegen Sie selbst leicht der Gefahr des Projizierens. Sie sehen dann den anderen und seine Situation nicht mehr genau so, wie sie ist, sondern Sie betrachten sie durch Ihre, von Ihren Emotionen gefärbte Brille.

Zweitens neigt auch Ihr Partner dazu, das heißt, er wird leicht sein eigenes Versagen und seine Ängste in Form von Vorwürfen auf Sie zurückwerfen.

Viele ungewollten Auseinandersetzungen in Kündigungsgesprächen sind auf das unkontrollierte Projizieren zurückzuführen.

Projektionen gelten konkreten Aussagen oder Eigenschaften in der Persönlichkeit des anderen. Sie beziehen sich auf das gesamte Gefühlsspektrum, also nicht nur auf Ärger und Abwehr, sondern auch auf Bewunderung und Sympathie, die genauso zu Fehlurteilen führen können wie Ablehnung. Sie lassen sich auf folgende Grundmuster zurückführen:

- Ich mag das an mir, und deshalb mag ich es auch am anderen.
- Das fehlt mir, deshalb bewundere ich es besonders bei anderen.
- Ich finde das an mir gut, aber ich wäre gerne der einzige, der so ist.
- Ich finde das an mir nicht gut, deshalb mag ich es auch nicht beim anderen.
- Das fehlt mir, deshalb neide ich es dem anderen.

Was können Sie nun tun, um sich vor Projektionen zu schützen?

Zunächst ist es wichtig, daß Sie Ihre eigenen Projektionen kennenlernen, denn jeder Mensch hat so seine "Lieblingsprojektionen". Sie können sich zum Beispiel von Ihrem Lebenspartner einmal aufzählen lassen, welche Vorwürfe Sie besonders gerne benutzen. Überprüfen Sie dann genau, was diese Vorwürfe, die sie anderen Menschen gegenüber äußern, mit Ihnen selbst zu tun haben. Werfen Sie anderen Unordnung vor, weil Sie selbst ungerne aufräumen? Stört Sie Unpünktlichkeit, weil Sie sich selbst häufig unter Streß setzen, um pünktlich zu sein, und es anderen übel nehmen, daß sie sich weniger Streß machen? Finden Sie Nachgiebigkeit gegenüber Vorgesetzten als "....kriecherei", weil auch Sie Ihrem Chef gegenüber den Mund halten und sich dafür schämen? Die Antworten auf diese Fragen mögen ein wenig peinlich sein. Sie müssen sie ja auch nicht jedem auf die Nase binden, aber im Umgang mit sich selbst haben Sie Ehrlichkeit verdient.

Die gleichen Beobachtungen können Sie machen, wenn Sie Ihr Gegenüber nicht als weiße Leinwand benutzen, auf die Sie projizieren, sondern als einen Spiegel, in dem Sie etwas von Ihrer eigenen Persönlichkeit erkennen können. Sehr häufig sind emotionale Reaktionen gegenüber einem anderen Menschen auf Projektionen zurückzuführen. Wenn Sie sich über einen anderen ärgern, dann können Sie sich immer fragen, wie Sie selbst in bezug auf diese Eigenschaft oder Verhaltensweise sind, und können so ein wenig Licht in die "Black Box" Ihrer Persönlichkeit bringen.

Je besser Sie Ihre Lieblingsprojektionen kennen und je besser Sie den Mechanismus an sich selbst erforschen, mit dem Sie sich in Projektionen flüchten, desto besser können Sie diese auch in schwierigen Gesprächssituationen vermeiden. Gleichzeitig lernen Sie dabei, wie Sie selbst unter emotionalem Druck reagieren, und müssen Ihrem Gesprächspartner nicht seine Unterstellungen vorwerfen. So viel zu einigen der Grundelemente der Kommunikation. Sie treten natürlich nicht nur in Kündigungsgesprächen auf, sondern in allen Gesprächen, in denen Gefühle und Beziehungen eine Rolle spielen. Deshalb können sich die Empfehlungen, die wir Ihnen in diesem Kapitel anbieten, nicht nur auf Ihre berufliche Kommunikation auswirken, sondern auch die private Seite Ihres Lebens positiv beeinflussen.

Nun wollen wir Ihnen noch einige Hinweise auf das Führen von schwierigen Gesprächen geben. Sie betreffen Ihre Aufmerksamkeit auf Ihren Gesprächspartner ("Aktives Zuhören"), den Gesprächsrhythmus ("Begleiten und Führen") und die Art, wie Sie Ihrem Partner Informationen darüber geben können, wie Sie ihn erlebt haben ("Rückmeldungen").

5.4 Aktives Zuhören

Daß man mit einem anderen Menschen nur dann ein Gespräch führen kann, wenn man ihn zu Wort kommen läßt und ihm zuhört, versteht sich eigentlich von selbst. Dennoch wird in vielen Gesprächen dagegen verstoßen. Die ärgsten Feinde eines erfolgreichen Gesprächs sind:

- lange Redebeiträge,
- in Gedanken abschweifen und den anderen "weiterplätschern" lassen,
- bei Unklarheiten nicht nachfragen,
- Gefühlssignale nicht aufnehmen.

Lange Redebeiträge sind nicht nur deshalb ein Gesprächskiller, weil sie zu einer ungleichen Verteilung der Redezeit zwischen den Gesprächsteilnehmern führen, sondern sie überfordern auch unsere Aufnahmefähigkeit. Im allgemeinen können wir nicht länger als zwei Minuten aufmerksam zuhören, und wir können meist nicht mehr als drei Gedanken behalten (und diese Fähigkeiten nehmen durch die ständige Werbeberieselung immer weiter ab).

Es nützt deshalb meist wenig, dem anderen in einer längeren Rede alle Informationen auf einmal zu geben. Er merkt sich entweder die erstgenannten und schweift dann gedanklich ab, oder er reagiert nur auf die letzten, die er gerade noch behalten hat. Auf jeden Fall führen längere Ausführungen zum Informationsverlust. Das gilt besonders für solche Informationen, die den anderen gefühlsmäßig berühren, weil er sie nicht nur im Kopf, sondern auch auf der Gefühlsebene verarbeiten muß.

Lange Redebeiträge sind aber nicht nur eine schlechte Angewohnheit, sie sind auch eine Schutzmaßnahme. Da der andere nicht zu Wort kommt, kann er auch keine unangenehmen Dinge sagen. Lange Redebeiträge sind deshalb eine Art Fessel, die ich dem anderen anlege, sozusagen eine Freiheitsberaubung – keine günstige Verhaltensweise in einem wichtigen Gespräch.

Gedankliches Abschweifen hat, wie gesagt, häufig etwas mit zu langem Reden des Gesprächspartners zu tun. Es kommt aber auch dann vor, wenn Sie schon an Ihrer Antwort herumbasteln, während der andere noch spricht. Das ist meist ein Hinweis darauf, daß Sie sich in einer Kampfsituation befinden: Sie schleifen ihre Redewaffen, um dem anderen einen vernichtenden Hieb beibringen zu können. In Gesprächen, in denen ein Vertrauensverhältnis entstehen soll, ist das keine gute Gesprächshaltung.

Viele wichtige Informationen gehen dadurch verloren, daß der Partner nicht nachfragt, wenn er etwas nicht verstanden oder nicht mitbekommen hat. Er wiegt dann den anderen in der Gewißheit, sich klar ausgedrückt zu haben und auf diese Informationen aufbauen zu können. Der Grund dafür ist meist entweder Gleichgültigkeit oder die Scheu, sich eine Blöße zu geben.

Welche Rolle Gefühle in einem Kündigungsgespräch spielen, haben wir in diesem wie in den vorigen Kapiteln zu zeigen versucht. Sie können aber nur bearbeitet werden, wenn sie im Gespräch auch an- und ausgesprochen werden dürfen. Häufig gibt der Partner verdeckte Signale durch Körperausdruck, Stimme, Wortwahl usw. Sie zu übergehen ("Wir wollen das doch ganz nüchtern betrachten!") führt dazu, daß die entscheidenden Themen für dieses Gespräch unterdrückt werden.

Was folgt daraus?

"Fasse dich kurz", das heißt, nicht länger als zwei Minuten ohne Unterbrechung reden und nicht mehr als drei Informationen in einem Redeblock. Dann sollten Sie den anderen zu Wort kommen lassen. Je besser Sie sich inhaltlich vorbereitet haben[15], desto eher wird Ihnen das gelingen.

Unterbrechen Sie, wenn der andere länger und mehr redet, als Sie verkraften können. Das widerspricht zwar den allgemeinen Höflichkeitsregeln, aber ist es nicht viel unhöflicher, sich innerlich auszuklinken und den anderen ins Leere laufen zu lassen?

Lassen sie es geschehen, daß gelegentlich Gesprächspausen eintreten, die Ihnen und Ihrem Partner Gelegenheit geben, Informationen und Eindrücke auf sich wirken zu lassen. Pausen haben den zusätzlichen Nutzen, daß sie das Tempo eines Gesprächs senken. Das ist deshalb nützlich, weil unser Herz, das für die Gefühlsinformationen zuständig ist, langsamer ist als unser Kopf, mit dem wir die sachlichen Informationen verarbeiten. Statt dem allgemeinen Trend zu folgen, alle Abläufe zu beschleunigen, lohnt es sich, sich bei wichtigen Mitarbeitergesprächen Zeit zu lassen und den Prozeß zu "entschleunigen".

Wie Sie der Gefühlsebene Aufmerksamkeit schenken können, wollen wir im folgenden Abschnitt besprechen.

---

[15] Vergl. Kapitel 4, Praktische Anleitung zum Kündigungsgesräch

Aufmerksamkeit schenken

Zuhören wird mehr und mehr zu einer Kunst. Therapeuten lassen sich viel Geld dafür bezahlen, daß Sie Menschen in ihren Nöten zuhören. Ein wenig davon kann auch jeder Vorgesetzte einbringen, auch wenn er keine therapeutischen Aufgaben seinem Mitarbeiter gegenüber hat.

Zuhören ist zunächst ein scheinbar passiver Vorgang: Sie nehmen schweigend in sich auf, was Sie hören. Aber Sie können nur etwas in sich aufnehmen, wenn Ihr "Empfangsteil" leer ist und wenn Sie mit Ihrer vollen Aufmerksamkeit bei dem anderen sind. Zenmönche üben das in jahrelangen Meditationen, aber Sie werden genügend von dieser hohen Kunst lernen, wenn Sie Ihren inneren Kommentator abschalten, der die Aussagen des anderen beurteilt und Antworten zurechtlegt. Wenn Sie sich Pausen in einem Gespräch erlauben, dann haben Sie Zeit genug zu antworten, wenn der Gesprächspartner fertig ist. Und schnelle Urteile über den anderen haben in einem intensiven Gespräch nichts zu suchen, im Gegenteil, sie hindern Sie daran, für feine Signale offen zu sein und sich frei zu machen für neue Ideen und Lösungen.

Aber es gibt auch eine aktive Form des Zuhörens, die zunächst darin besteht, Ihrem Gesprächspartner den Hinweis zu geben, daß Sie noch bei ihm sind. Das kann durch Augenkontakt, durch Kopfnicken oder kleine Einschübe wie "Hm", "ach ja" oder ähnliches geschehen.

Nachfragen und wiederholen

Die stärkere Form ist das Nachfragen: "Wie war das genau?" oder "Woran haben Sie das bemerkt?" oder "Was ist dann passiert?". Dadurch bekommen Sie nicht nur bessere Informationen, Sie signalisieren auch, daß Sie sich dafür interessieren, was Ihr Gesprächspartner Ihnen mitteilen will. Eine andere Form des aktiven Zuhörens besteht im sinngemäßen Wiederholen: "Habe ich Sie richtig verstanden, daß Sie ...?" oder "Ich habe jetzt folgendes verstanden: ...". Der Vorteil dieser beiden Formen des aktiven Zuhörens liegt nicht nur im verbesserten Informationsaustausch. Sie helfen damit auch Ihrem Partner, über Gesprächshürden hinwegzukommen, die auftreten, wenn unangenehme Gefühle oder Erinnerungen ins Spiel kommen, denn es ist schwer, nach einem solchen Einwurf nicht weiterzureden.

Gefühle ansprechen

Die hohe Schule des aktiven Zuhörens ist das Ansprechen der Gefühlsebene: "Ich könnte mir vorstellen, daß Sie das sehr gekränkt hat" oder: "Da waren Sie wahrscheinlich ziemlich sauer." Die allgemeine Form besteht darin, daß Sie Informationen auf der Sachebene mit den dazugehörigen vermuteten Gefühlen verbinden und so dem anderen ermöglichen, beides im Zusammenhang zu erleben. Es ist gut, diesen Formulierungen eine eher vage Form zu geben, damit der andere die Möglichkeit hat, genau die Gefühle zu beschreiben, die ihn bewegen oder bewegt haben.

Um es noch einmal zu wiederholen: Sie brauchen für die Gefühle Ihres Partners keine Verantwortung zu übernehmen, ja, sie müssen Ihnen nicht einmal plausibel sein oder berechtigt erscheinen. Es sind seine Gefühle und seine individuelle Art, auf die Situation zu reagieren. Aber indem er sie aussprechen kann, leisten sie keine Sabotage im Untergrund, und das hilft Ihnen, über die Klippen eines schwierigen Gesprächs hinwegzukommen. Wenn Sie mehr über solche Gesprächsformen lernen wollen, üben Sie am besten in unverfänglichen Situationen, in denen Sie experimentieren können, ohne einen Schaden anzurichten.

Nun wollen Sie in einem Gespräch ja aber nicht nur zuhören, sondern Sie wollen auch selbst Informationen einbringen, dem Gespräch eine Richtung verleihen, kurz, Sie wollen auch Ihrerseits Impulse setzen und nicht die ganze Dynamik des Gesprächs Ihrem Partner überlassen. Sie müssen also einen Gesprächsrhythmus finden, der beides erlaubt: mit dem anderen mitgehen, ihn in seinen Vorstellungen und Gefühlen begleiten, und ihn in eine bestimmte Richtung führen. Das ist der Gegenstand des folgenden Abschnitts.

5.5 Der Gesprächsrhythmus: Begleiten und Führen

Einen Gesprächsimpuls können Sie nur setzen, wenn Sie mit Ihrem Partner im Kontakt sind, das heißt, wenn er in der Lage ist, Ihnen zuzuhören und wenn er genügend Vertrauen zu Ihnen gewonnen hat, daß Sie ihn nicht in die Irre führen wollen. In einem Kündigungsgespräch – und das gleiche gilt für ein Kritikgespräch – werden Sie vermutlich ziemlich zu Anfang mit einer Nachricht herausrücken, die für Ihren Partner schmerzlich oder ein Schock ist, die also seinen Widerstand auslösen wird. Eine mögliche Reaktionsform ist, daß er den Kontakt unterbricht, eine andere ist der Gegenangriff [16]. Beide Formen sind nicht geeignet, Gesprächsimpulse zu setzen, die den Betroffenen weiterbringen.

Sie müssen deshalb zunächst einmal Kontakt hergestellt haben, bevor Sie mit Ihren schlechten Nachrichten herausrücken. Diesem Ziel dienen die Eingangsfloskeln, die zum Beginn eines längeren Gesprächs gehören[17]. Die Phase sollte allerdings nicht zu lange dauern, denn Ihrem Mitarbeiter schwant vermutlich, daß etwas Unangenehmes auf ihn zukommt, und alle Verzögerungen wirken sich eher als Folter denn als Kontaktaufnehmen aus.

Wenn Sie also den ersten Impuls gesetzt haben, indem Sie das Thema und das Ziel des Gesprächs angesprochen haben, kommt eine Phase des Begleitens, die mit der Frage eingeleitet werden kann, ob der andere mit diesem Gespräch gerechnet hat. Er hat dann die Möglichkeit, seinen Informationsstand darzustellen und zu erzählen, wie es ihm geht. Ist so der Kontakt wieder hergestellt, kann der nächste Impuls kommen, der sich mit den konkreten Auswirkungen der Kündigung bzw. des Kritikpunktes beschäftigt. Danach sollte der Gesprächspartner wieder die Möglichkeit haben, zu Wort zu kommen, seine Sicht oder seine Stimmung darzustellen usw. Die allgemeine Form dieses Gesprächsrhythmus sieht folgendermaßen aus:

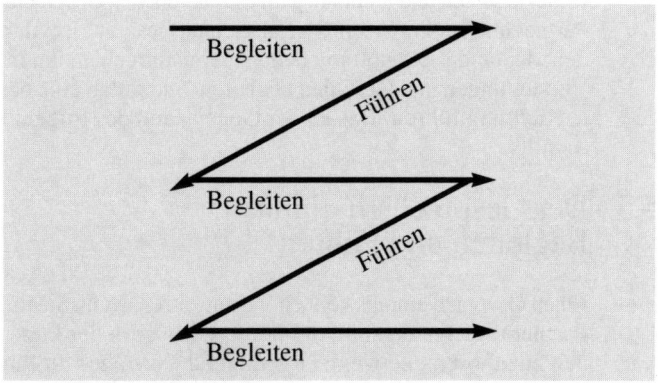

Abb.: 4 Gesprächsrhythmus

---

[16] Wir haben das im 3.Kapitel, Abschnitt "1.Phase: Schockreaktion" beschrieben.

[17] Siehe im 4. Kapitel den Abschnitt "Kontakt vor Inhalt".

Dieser Rhythmus hilft auch in späteren Phasen eines Kündigungsgesprächs, zum Beispiel wenn es darum geht, Aktivitäten zu besprechen, um eine neue Stelle zu finden bzw. Fehler der Vergangenheit in Zukunft zu vermeiden.

5.6 Rückmeldungen

In den meisten Mitarbeitergesprächen kommt es vor, daß Sie dem Mitarbeiter Hinweise darüber geben müssen oder wollen, welchen Eindruck Sie von ihm gewonnen haben. Sehr häufig bereitet das Führungskräften besondere Schwierigkeiten, denn es fällt ihnen schwer, unangenehme Wahrheiten auszusprechen. Gleichwohl sind diese Informationen für den Mitarbeiter wichtig, denn nur so kann er sein Verhalten korrigieren oder, wie im Fall der Kündigung, in Zukunft Fehler vermeiden.

Hier ist grundsätzlich zwischen zwei ganz unterschiedlichen Situationen zu unterscheiden:

- einer Beurteilung und
- einer Rückmeldung.

Bei einer Beurteilung ist es Ihre Aufgabe als Führungskraft, Ihren Eindruck festzuhalten und ihn in einer Form, die das jeweilige Beurteilungsverfahren vorsieht, dem Mitarbeiter zur Kenntnis zu bringen. Auch wenn der Mitarbeiter anderer Meinung ist, muß das Ihr Urteil nicht ändern. In den meisten Beurteilungsverfahren ist eine Stellungnahme des Mitarbeiters vorgesehen, die aber nicht zu einer Korrektur der Beurteilung durch den Vorgesetzten führt. Hier bleibt Meinung gegen Meinung stehen.

Im Rahmen von Kündigungen kommen solchen Beurteilungen besondere Bedeutung zu, denn sie sind arbeitsrechtliche Beweismittel dafür, daß der zu Kündigende schon früher auf mangelhafte Leistungen hingewiesen wurde. Es kann sich also im nachhinein als fatal herausstellen, wenn sich der Vorgesetzte um eine offene Beurteilung, die auch die Schwachpunkte aufzeigt, herumgedrückt hat.

Rückmeldungen haben einen anderen Sinn: Sie sollen dem Mitarbeiter Informationen darüber geben, wie er von anderen Menschen wahrgenommen wird. Hier hat der Vorgesetzte eine besondere Perspektive, die sich von derjenigen der Kollegen, der Freunde oder der Familie durchaus unterscheiden kann. Es geht nicht darum, wer recht und wer unrecht hat, sondern alle diese Äußerungen zeigen einen spezifischen Blickwinkel, aus dem die Person gesehen wird. Deshalb kann die Sichtweise des Vorgesetzten ebenso berechtigt sein wie die der Ehefrau, auch wenn sie sich widersprechen.

Rückmeldungen sind also eine Art Spiegel, der dem Betroffenen vorgehalten wird, und es ist seine eigene Entscheidung, welchem Spiegel er trauen will und welchen er für sich für bedeutsam hält. Wenn Sie sich an die oben geschilderten Wahrnehmungsverzerrungen und Projektionen erinnern, dann werden Sie verstehen, daß eine Rückmeldung eine sehr persönliche Aussage ist, die nicht den Anspruch auf die absolute Wahrheit erheben kann. Eine Rückmeldung sagt deshalb über den Sender ebensoviel aus, über sein Wertesystem, seine Vorlieben und Vorstellungen, wie über den Empfänger.

Angesichts dieser Subjektivität von Rückmeldungen empfiehlt es sich, diese auch sehr persönlich zu formulieren: "Ich habe diese oder jene Erfahrung mit Ihnen gemacht", "Mir hat dieses oder jenes gar nicht gefallen" usw. Wenn in einem Kündigungsgespräch die Ursachen, die zur Kündigung geführt haben, geklärt sind, haben Rückmeldungen, die über diese Ursachen hinausgehen, durchaus ihren Platz. Sie können für den Gekündigten wichtige Informationen für seinen künftigen Lebensweg darstellen.

Um eine solche Information aufnehmen zu können, muß man sie haben wollen. Niemand anderer als der Empfänger von Rückmeldungen hat deshalb die Entscheidung darüber, ob er die Information haben will oder nicht (anders als in einem Beurteilungsgespräch, bei dem der Beurteilte im allgemeinen nicht entscheiden kann, ob er beurteilt werden will oder nicht). Es nützt nichts, sie ihm aufzudrängen, wenn er sie nicht will.

Für Sender wie für Empfänger sind Rückmeldungen eine sehr persönliche Angelegenheit. Beide müssen deshalb bewußt zum Geben und Empfangen einer Rückmeldung bereit sein. Das ist in den Fällen, in denen das Vertrauensverhältnis gestört ist, meist nicht der Fall. Deshalb muß jeder von beiden Teilnehmern an einem Kündigungsgespräch die Möglichkeit haben, Rückmeldungen, die über die Benennung der Ursachen für die Kündigung hinausgehen, abzulehnen.

Diese Hinweise auf die Grundlagen der Gesprächsführung können nur auf mögliche Schwierigkeiten und Fallen in Mitarbeitergesprächen hinweisen. Sie ersetzen nicht Seminare zum Führungs- und Gesprächsverhalten. Wenn Sie Gelegenheit haben, an einem solchen Seminar teilzunehmen, dann tun Sie das, denn dort können Sie im allgemeinen üben und werden von Trainer und Mitteilnehmern auf Ihr persönliche Wirkung aufmerksam gemacht. Diese Erfahrung können Sie nicht aus Büchern ziehen.

5.7 Zusammenfassung

In diesem Kapitel werden die grundlegenden Kommunikationsaspekte eines Mitarbeitergesprächs erläutert. Dazu gehört der Unterschied zwischen Sachebene und Beziehungs- oder Gefühlsebene, an dem deutlich gemacht wird, daß vor allem Gefühle die Dynamik eines Gesprächs begründen. Es wird gezeigt, wie Sie Gefühle bei sich und Ihrem Partner erkennen können und wie Sie mit ihnen in einem Gespräch umgehen können.

Im weiteren Verlauf werden die Gespächsfallen beschrieben, die durch eine eingeschränkte Wahrnehmung und durch voreilige Schlüsse daraus entstehen können. Es werden Vorschläge gemacht, wie Sie sich selbst trainieren können, derartige Fallen zu vermeiden. Es wird auf die Gefahr hingewiesen, wenn Sie von sich auf andere schließen ("Projektionen"), und es gibt einige Vorschläge, wie Sie Ihre Projektionen erkennen und sich vor ihnen schützen können.

Ein weiterer wichtiger Aspekt einer guten Gesprächsführung ist die Fähigkeit, zuhören zu können. Es werden die hauptsächlichen Hindernisse für gutes Zuhören aufgezeigt und verschiedene Arten des Zuhörens dargestellt. Schließlich werden Gesprächsformen vorgestellt, die es Ihnen erlauben, Ihre Zuhörfähigkeiten zu verbessern und dem Gesprächspartner Ihre Aufmerksamkeit signalisieren zu können.

Im Schlußteil wird der allgemeine Rhythmus eines Mitarbeitergesprächs – Begleiten und Führen – dargestellt und auf die Bedeutung von Rückmeldungen im Unterschied zu Beurteilungen hingewiesen.

Ich bin gekündigt – was nun?

6. Kündigung als Chance

Diese Kapitelüberschrift mag auf den ersten Blick zynisch erscheinen: Haben wir nicht in diesem Buch immer wieder darauf hingewiesen, welch ein Unglück die Kündigung für die Betroffenen darstellt, in welchem Maße Lebensrhythmus und Lebensplanung durch diese Art der Beendigung des Arbeitsverhältnisses durchkreuzt werden? Und nun soll in diesem Drama eine Chance liegen?

Im dritten Kapitel haben wir eine Parallele gezogen zwischen einer Kündigung und einer Trennung im privaten Bereich, z.B. durch Scheidung oder durch den Tod eines geliebten Menschen. Viele Menschen, die einen solchen tiefen Lebenseinschnitt ertragen mußten, haben nach einer Zeit der Trauer einen Neuanfang gefunden und konnten dabei feststellen, daß sie nicht nur Opfer eines Verlustes waren, sondern daß sich ihnen auch neue Lebensbereiche eröffneten. Das Zusammenleben mit einem anderen Menschen, ein Ortswechsel mit einem neuen Freundeskreis, neue Freizeitgewohnheiten und Wohnformen förderten neue Seiten ihrer Persönlichkeit zu Tage, führten zu neuen Herausforderungen, Bereicherungen und Erlebnissen.

Menschen, die einen solchen Wandel erlebt haben, berichten übereinstimmend, daß ihnen zwei Faktoren besonders geholfen haben: Sie haben die Trauer, Wut und Verzweiflung über den Verlust in sich zugelassen, und sie haben sich vor allem auf die positiven Seiten der neuen Situation eingestellt. Beide Aspekte sind innere Vorgänge, die nicht von außen herbeigeführt werden können. Es sind Einstellungen, die der Betroffene sich selbst und seiner Umwelt gegenüber einnimmt.

Diese Einstellung finden wir sehr häufig bei Menschen, die ihren Arbeitsplatz freiwillig verlassen, die also von sich aus kündigen, um eine andere Aufgabe zu übernehmen oder für eine bestimmte oder unbestimmte Zeit aus dem Arbeitsleben auszuscheiden, z.B. Frauen oder Männer, die sich der Erziehung ihrer Kinder widmen wollen, oder "Aussteiger". Auch ihnen fällt der Abschied aus der gewohnten Atmosphäre häufig schwer, auch sie verlassen Menschen, die sie vielleicht gern hatten, auch sie müssen häufig finanzielle Einbußen hinnehmen. Aber wie anders ist ihre Stimmung als die der meisten Gekündigten!

Das liegt zum einen daran, daß sie selbst die Initiative ergriffen haben, daß sie also nicht Opfer einer Entscheidung wurden, die andere für sie getroffen haben. Zum anderen hatten sie bei der Kündigung schon eine Perspektive, die vermutlich besser war, als den Arbeitsplatz zu behalten, denn sonst hätten sie wohl nicht gekündigt.

Für einen unfreiwillig Gekündigten geht es also darum:

- Wie kann ich selbst initiativ werden und so das Gesetz des Handelns wieder in die eigenen Hände nehmen?
- Wie kann ich mir eine positive Perspektive entwickeln, durch die aus dem Unglück eine Chance wird?

In diesem Kapitel wollen wir Hinweise geben, was ein Gekündigter dazu tun kann und muß. Wir wenden uns damit nicht nur an die Gekündigten selbst, sondern an alle, die beruflich oder privat mit Menschen zu tun haben, die ihren Arbeitsplatz verlieren: Vorgesetzte, Personalverantwortliche, Sozialarbeiter, Freunde und Familienangehörige. Denn für den Betroffenen ist es schwer, sich wie Münchhausen am eigenen Schopf aus dem Sumpf zu ziehen. Er braucht häufig die Unterstützung durch andere, aber Hilfe kann ihm nur zuteil werden, wenn sich die Berater nicht selbst in das Loch der Hoffnungslosigkeit hineinziehen lassen. Dieses Kapitel will Anregungen geben, aber vor allem will es ermutigen, Phantasie und Vertrauen zu entwickeln, das Schicksal in die eigenen Hände zu nehmen.

Wir werden uns vornehmlich damit beschäftigen, wie ein von einer Kündigung Betroffener wieder eine Arbeitsstelle findet. Aber das muß und kann nicht die einzige Perspektive sein. Denn für viele wird es aus Alters-, Gesundheits- oder Motivationsgründen nicht mehr möglich oder sinnvoll sein, sich eine neue Arbeit zu suchen. Bevor wir uns also mit der Suche nach einem neuen Arbeitsplatz beschäftigen, sei denen, die nicht wieder in das Arbeitsleben zurückkehren, ein eigener Abschnitt gewidmet.

6.1 Unentgeltliche Arbeit als Lebensinhalt

Im ersten Kapitel haben wir erläutert, daß der Verlust des Arbeitsplatzes nicht nur die finanziellen Lebensgrundlagen in Frage stellt, sondern daß er zu einem schmerzlichen Verlust sozialer Kontakte führt, die mit dem Arbeitsplatz direkt oder indirekt verbunden sind. Diese beiden Aspekte, der finanzielle und der soziale, sind also zu berücksichtigen, wenn ein Gekündigter seine Arbeitskraft in den Dienst ehrenamtlicher Tätigkeit stellt.

Die sozialen Errungenschaften der letzten hundert Jahre haben dazu geführt, daß jemand, der seinen Arbeitsplatz verliert, nur selten vor dem finanziellen Nichts steht. Arbeitslosenunterstützung, Rente oder eigene Ersparnisse sind zwar niedriger als das bisher erzielte Einkommen, aber im Einzelfall können diese Mittel durchaus zum Lebensunterhalt ausreichen.

Dazu muß der Betroffene seine finanzielle Situation genau analysieren:

■ Bei älteren Menschen sinkt häufig der finanzielle Bedarf, wenn die Kinder über ein eigenes Einkommen verfügen. Gegebenenfalls ist jetzt ein guter Zeitpunkt zu überprüfen, ob die Kinder etwaige finanzielle Zuwendungen noch brauchen oder ob sie nicht doch schon auf eigenen Füßen stehen können. (Der Vorteil dieser Maßnahme kann sein, daß damit noch bestehende Abhängigkeiten abgelöst werden.)

■ Ein Teil der regelmäßigen Aufwendungen ist oft durch das Arbeitsleben bedingt: das Auto, das notwendig war, um zur Arbeit zu kommen, die teure Wohnung in der Nähe des Arbeitsplatzes, die Putzhilfe, die gebraucht wurde, weil keine Zeit zum Sauberhalten der Wohnung blieb, die Reparaturen, die Handwerker ausführten, weil die Freizeit zu knapp bemessen war, Repräsentationsaufwendungen usw.

■ Die Konsumgewohnheiten sind häufig eng mit dem Arbeitsleben verbunden. Wer angestrengt arbeitet, hat wenig Zeit, nach günstigen Warenangeboten zu suchen. In bestimmten Positionen wird großer Wert auf korrekte oder modische Kleidung gelegt, die nun

nicht mehr so entscheidend ist. Eß-, Trink- und Kochgewohn-
heiten sind häufig eng mit der Art der Arbeit und ihrem gesellschaftlichen Umfeld verbunden. Für manche ist es eine nicht nur
finanzielle Erlösung, sich von solchen Zwängen befreien zu können.

■ Auch die Urlaubsgewohnheiten hängen häufig eng mit dem Er-
werbsleben zusammen: Aus betrieblichen Gründen kann außerhalb der Saison kein Urlaub genommen werden. Auch die Frei-
zeitkonkurrenz entfällt: Da der Kollege auf den Malediven war,
müssen es in diesem Jahr unbedingt die Sychellen sein usw.

Dies sind nur einige Möglichkeiten, auf der Ausgabenseite die eigene finanzielle Lage zu untersuchen. Es empfiehlt sich, diese Gelegenheit zu nutzen, um die regelmäßigen und unregelmäßigen
Ausgaben einer strengen Analyse zu unterziehen. Dabei stellt sich
meist heraus, daß ohne großen Verlust an Lebensqualität erhebli-
che Einsparungen möglich sind. Diese Erkenntnis eröffnet neue
Perspektiven, wie groß der tatsächliche Finanzbedarf ist und wie
er gedeckt werden kann und muß.

Wenn nun die finanzielle Seite geklärt ist und für ausreichend be-
funden wurde, kann sich die Aufmerksamkeit erfreulicheren Aspek-
ten zuwenden. Es geht darum, ein Betätigungsfeld zu finden, das
nun weniger der Sicherung des Einkommens als der persönlichen
Befriedigung dient. Doch was kann das sein?

Die meisten Menschen denken in einer solchen Situation als erstes an ihre Hobbys, für die sie nun unbegrenzt Zeit haben: Haus
und Garten, Sport und Werkstatt, Vereinsleben, Wandern und Reisen, Kultur und Lesen oder womit sie sonst ihre freie Zeit gefüllt
haben. Allerdings muß überlegt werden, inwieweit sich die
Hobbys als Hauptbeschäftigung wirklich eignen.

Dabei sind zwei Aspekte zu berücksichtigen:

■ Hobbys stellen häufig einen Ausgleich zu den Anspannungen des
Arbeitslebens dar. Sie sind also die Kehrseite der beruflichen Belastungen. Fallen diese weg, dann verlieren die Freizeitbeschäfti-
gungen auch ihren Reiz.

■ Häufig werden diese Kontrastbeschäftigungen allein ausgeübt.
Darin liegt gerade ihre Attraktivität, besonders für Personen, die

in ihrem Beruf viel mit anderen Menschen zu tun haben. Die Beschäftigung ganz für sich allein stellt also eine Entlastung gegenüber der Überbeanspruchung im Beruf dar. Eine der Hauptgefahren der Arbeitslosigkeit liegt aber in der Vereinsamung. Ein neues Betätigungsfeld sollte deshalb auch soziale Kontakte und gesellschaftliche Anerkennung bieten.

Nun trifft es sich gut, daß unsere gegenwärtige Wirtschafts- und Gesellschaftsordnung solche Arbeitsplätze bevorzugt, durch die Profit erzeugt wird. "Unprofitable" Arbeitsplätze werden zunehmend abgebaut, aber das muß nicht heißen, daß diese Aktivitäten nutzlos sind. In starkem Maße sind von diesem Trend soziale Tätigkeiten betroffen. Das reicht von der Kinderbetreuung bis zur Altenversorgung, von der Freiwilligen Feuerwehr bis zum Sich-Kümmern um Ausländer.

Aber nicht jedem liegt die Sozialarbeit. Sie ist auch nicht der einzige gesellschaftliche Bereich, der auf freiwillige und unbezahlte Dienste angewiesen ist. Eine Fülle von Vereinen, politischen und karitativen Einrichtungen sind auf die Mitarbeit kompetenter Helfer angewiesen. Und gerade in diesem Bedarf liegt die Chance: Ältere Arbeitnehmer, die gekündigt werden, besitzen auf Grund ihrer Berufserfahrungen ein hohes Maß an Kenntnissen, die ehrenamtlich von großem Nutzen sind: Von den praktischen, handwerklichen Fähigkeiten über die Buchhaltung, die Leitung von Sitzungen bis zur Menschenführung verfügen ältere Arbeitnehmer über ein Kapital an Wissen, Fähigkeiten und Erfahrungen, das in unserer Welt dringend gebraucht wird.

Allerdings bedarf es dazu einer Veränderung der inneren Einstellung. Im Arbeitsleben wird die Anerkennung für Fähigkeiten und Leistungen vor allem durch die Entlohnung ausgedrückt. In der ehrenamtlichen Tätigkeit entfällt dieses Erfolgskriterium, es wird ersetzt durch Erfolg und Befriedigung aus der Arbeit selbst und aus der Zustimmung, der Anerkennung und dem Dank, den die Nutznießer dafür zollen. Um es deutlich zu sagen: Wir wären nicht auf dem heutigen Stand des Umweltbewußtseins, wenn nicht Tausende von Freiwilligen unentgeltlich ihre Arbeitskraft in den Dienst dieser Sache gestellt hätten. Unsere Gesellschaft ist dringend auf Engagement in den Nonprofitbereichen angewiesen. Arbeitslose, die nicht mehr in das Arbeitsleben zurückkehren, bringen einen Schatz an Erfahrung und Professionalität mit, den wir zum gesellschaftlichen Überleben dringend brauchen.

Wer also keinen bezahlten Arbeitsplatz mehr finden kann oder suchen will, sollte überlegen, ob sich in diesem Lebensbereich nicht eine notwendige und befriedigende Arbeit findet.

6.2 Suche nach entgeltlicher Arbeit

Die meisten Menschen, die ihren Arbeitsplatz verlieren, werden aber wieder nach einer bezahlten Tätigkeit suchen, sei es, weil sie diese zum Lebensunterhalt brauchen, sei es, weil sie weiter am Arbeitsleben teilnehmen wollen. Für sie bricht nun, nachdem sie die Kündigung innerlich und äußerlich akzeptiert haben[18], eine Zeit intensiver Arbeitsuche, aber auch großer Unsicherheit an.

Dieser Zeitpunkt ist nicht gleichzusetzen mit dem Räumen des Arbeitsplatzes. Zwischen der Kündigung und dem Verlassen des Unternehmens liegt meist die Kündigungsfrist, die für die Suche nach einem neuen Arbeitsplatz genutzt werden kann. Arbeitsrechtlich gesehen muß dem gekündigten Mitarbeiter von der Firma Urlaub für Bewerbungsgespräche eingeräumt werden, aber der Arbeitgeber tut gut daran, dem Gekündigten auch die Möglichkeit zu geben, sich während der Arbeitszeit mit allen Kräften der Suche nach einer neuen Arbeit widmen zu können. Das kommt nicht nur dem Betroffenen selbst zugute, dessen aktive Bemühungen seine Stimmungslage verbessern, sondern auch dem Umfeld, das nicht durch den Mißmut des ausscheidenden Kollegen demotiviert wird. Die verbleibenden Mitarbeiter verfolgen mit großer Aufmerksamkeit, wie ihr ausscheidender Kollege von seinem Arbeitgeber behandelt wird, und neigen zu Rückschlüssen, wie es ihnen selbst in vergleichbarer Lage ergehen würde.

Wenn die Phase der Schockwirkung – gegebenenfalls mit Unterstützung durch Vorgesetzte, Kollegen, Freunde oder Familienangehörige – kurz gehalten wird, kann die verbleibende Zeit im Unternehmen produktiv genutzt und so unter Umständen eine Arbeitslosigkeit gänzlich vermieden werden.

Der Blick auf die Verhältnisse am Arbeitsmarkt kann allerdings schnell wieder zu einem Gefühl der Hoffnungslosigkeit führen, hört man doch immer wieder, daß auf eine ausgeschriebene Stelle hundert und mehr Bewerbungen eingehen. Allerdings hilft Mut-

---

[18] Im dritten Kapitel haben wir ausführlich die Phasen dargestellt, die dieser Periode der Neustrukturierung vorausgehen.

losigkeit nicht weiter. Vielmehr sollte sich der Betroffene folgende Tatsachen vor Augen führen:

■ Auch in Zeiten der Rezession gibt es immer noch offene Stellen, die besetzt werden müssen.

■ Nicht alle offenen Stellen werden dem Arbeitsamt gemeldet oder in Zeitungen ausgeschrieben, so daß die Statistiken ein verzerrtes Bild der Wirklichkeit wiedergeben.

■ Auch wenn es viele Bewerbungen für eine Stelle gibt – einer oder eine wird schließlich genommen.

Deshalb kommt es also jetzt darauf an, eine Strategie der Arbeitssuche zu entwickeln, die möglichst viele Chancen eröffnet. Durch eine gezielte, professionelle Vorgehensweise erhöhen sich die Bewerbungschancen, und zwar durch Aktivitäten, die gleichzeitig in mehrere Richtungen entfaltet werden müssen:

Die Chancen erhöhen sich,

■ wenn der Bewerber flexibel ist und seinen Lebenslauf nach verschiedenen beruflichen Einsatzmöglichkeiten und Positionen hin analysiert, die er dann gleichzeitig anstrebt,

■ wenn der Bewerber seinen "level of competence" ansteuert, der seinen persönlichen Stärken, seinen Fach- und Führungserfahrungen entspricht,

■ wenn der Stellensuchende nicht wartet, bis er eine Anzeige liest, sondern mit möglichen Arbeitgebern durch Initiativbewerbungen aktiv Kontakt aufnimmt und auf diese Weise schneller ist als seine Mitbewerber,

■ wenn die schriftlichen Bewerbungsunterlagen optisch und inhaltlich gut gestaltet und die Kompetenzen des Bewerbers attraktiv dargestellt sind, damit der Stellenanbieter an einem Bewerbungsgespräch interessiert ist und eine Einladung ausspricht,

■ wenn das Bewerbungsgespräch erfolgreich geführt wird, das heißt, wenn der Bewerber sein Leistungsprofil, abgestimmt auf die Anforderungen der Position, wirkungsvoll präsentieren kann.

Also: flexibel verschiedene Alternativen ansteuern, schneller und besser sein in der Kontaktaufnahme und erfolgreicher in der Präsentation.

Dazu braucht der Arbeitsuchende eine Strategie, die wir im folgenden allgemein beschreiben und dann an einem Beispiel konkret erläutern wollen. Diese Strategie besteht aus den Schritten:

1. Berufliche Bestandsaufnahme: formulieren des Werdegangs und des Know-how-Profils

2. Berufliche Alternativen: kreativ Aufgaben und Positionen sowic Branchen und Arbeitsgebiete bestimmen

3. Persönliches Profil: persönliche Eignungen und Neigungen erfassen

4. Wege in den (Arbeits-)Markt: aktiv über unterschiedliche "Kanäle" Kontakt mit Arbeitgebern aufnehmen.

Diese Schritte sollen an einem konkreten Beispiel dargestellt werden.

Im zweiten Kapitel haben wir Herrn Jäger vorgestellt, den Projektcontroller in einer Marketingabteilung, der nach Auseinandersetzungen mit seinen Vorgesetzten und nach einer Abmahnung gekündigt worden war. Er war ein Jahr arbeitslos, bis er eine Beschäftigung als Versicherungsvertreter bekam. An seinem Beispiel wollen wir erläutern, wie Herr Jäger durch die Entwicklung einer systematischen Bewerbungsstrategie eine längere Arbeitslosigkeit hätte vermeiden können und wie er einen Arbeitsplatz hätte finden können, der seinen Erfahrungen, seinem Wissen und seinem Können entspricht.

6.3 Systematische Bewerbungsstrategie

Wir erinnern uns, daß Herr Jäger aus allen Wolken fiel, als er seine Kündigung erhielt. Der Schock, plötzlich vor dem Nichts zu stehen, drückte sich bei ihm in Vorwürfen gegen seine Vorgesetzten und Kollegen und in der Verdrängung seiner eigenen Anteile an seinem Versagen aus. Zu Hause war er oft depressiv, kaum ansprechbar und antriebslos. Er haderte mit seinem Schicksal, und in dieser Situation war er unfähig, sich auf die Suche nach einer neuen Arbeit einzustellen.

Aber Herr Jäger hat Glück. Er hat eine kluge Frau, die ihm in dieser schwierigen Phase mit Einfühlungsvermögen und praktischem

Verstand zur Seite steht. Annegret Jäger versorgt zu Hause die drei gemeinsamen Kinder und ist schon aus diesem Grund darauf angewiesen, daß ihr Mann möglichst bald wieder ein gesichertes Einkommen erzielt. Sie war zehn Jahre lang – bis die erste Tochter geboren wurde – im selben Betrieb beschäftigt wie ihr Mann. Sie kennt noch einige Kollegen und auch die Vorgesetzten und weiß, daß die einseitige Sicht ihres Mannes nur die halbe Wahrheit sein kann. In mehreren Gesprächen erklärt sie ihm mit großer Geduld,

1. daß er keine Möglichkeit mehr hat, in demselben Unternehmen seine frühere oder eine andere Stelle wiederzubekommen,

2. daß er auch selbst Fehler gemacht haben muß, die zu diesem Ende geführt haben.

Herr Jäger beginnt langsam einzusehen, daß sein Trotz nicht weiterhilft, aber seine eigenen Fehler kann er nicht erkennen. Da kommt Annegret Jäger auf eine gute Idee: "Sprich doch mal mit Herrn Gruber (seinem letzten Vorgesetzten). Der hat dir doch am Anfang viel geholfen. Vielleicht kann er dir einiges darüber sagen, wo er deine Probleme sieht."

Herr Jäger sträubt sich zunächst. Zu schwer fällt es ihm, gerade Herrn Gruber gegenüber sein Selbstbild in Frage zu stellen und anzuerkennen, daß wohl auch er selbst einiges falsch gemacht haben muß. Aber er weiß auch, daß er sich – nicht zuletzt im Interesse seiner Familie – eine solche Katastrophe nicht noch einmal leisten kann, daß er wissen muß, wo seine Schwächen liegen, um sie in Zukunft vermeiden zu können. Er beißt also in den sauren Apfel und bittet Herrn Gruber um ein Gespräch.

Herr Gruber ist anfangs gar nicht begeistert, noch einmal mit Herrn Jäger reden zu müssen. Er ist von seinem ehemaligen Mitarbeiter sehr enttäuscht, andererseits will er aber auch hilfsbereit erscheinen. Schon zu Gesprächsbeginn macht Herr Jäger deutlich, daß er nicht wieder die alten Rechtfertigungsdiskussionen aufnehmen will, sondern daß es ihm um eine ehrliche Rückmeldung geht. Schließlich ist Herr Gruber bereit, ihm seine Eindrücke zu schildern, die Schwächen und, nach Nachfragen, auch die Stärken. Folgende Punkte notiert sich Herr Jäger :

Schwächen: unsystematische Tagesplanung; ungleichmäßiges Arbeiten; mangelndes Verständnis für die Bedürfnisse anderer;

schlecht zuhören können; anmaßender Ton gegenüber Kollegen; mangelnde Bereitschaft, Neues zu lernen; mangelndes Verständnis für die Arbeitsabläufe in der Abteilung; Selbstüberschätzung.

Stärken: gute Produktkenntnisse; Verständnis für die technischen Aspekte der Produktion; Kreativität; gute visuelle Vorstellungskraft.

Herr Jäger hört zum ersten Mal seit Jahren, daß er auch Fähigkeiten hat, die an ihm geschätzt werden, aber er versteht nun, da er zum ersten Mal wirklich zuhört, ohne den Versuch zu machen, sich zu verteidigen, was es an ihm auszusetzen gibt. Jetzt weiß er selbst nicht mehr recht, warum er in den letzten drei Jahren so schlampig gearbeitet hat, was in ihn gefahren ist, daß er alle Leute vor den Kopf gestoßen hat. Er kann sich nicht erklären, wie es dazu kam, daß es mit ihm so bergab ging.

Ein guter Freund gibt ihm den Rat, darüber doch einmal mit einem in Wirtschaftsfragen erfahrenen Psychologen zu sprechen. Auch dieser Schritt kostet Herrn Jäger große Überwindung, aber er sieht ein, daß er Hilfe braucht, wenn er nicht alle Hoffnung aufgeben will. In den Gesprächen mit dem Psychologen erkennt Herr Jäger, daß er von Anfang an Vorbehalte gegen die Position eines Projektcontrollers gehabt hatte. Er traute sich diese Arbeit eigentlich nicht zu, andererseits wollte er nicht mehr so viel wie bisher unterwegs sein, und anderen Leuten auf die Finger zu schauen war ihm ein Greuel. So verdrängte er seine Bedenken und manövrierte sich in eine Abwehrhaltung hinein, aus der er selbst nicht mehr herauskam.

Aber er hatte sich auch durch das Vertrauen, das offenbar in ihn gesetzt wurde, geschmeichelt gefühlt, ihn hatte das größere Ansehen in der Abteilung gereizt, und das höhere Einkommen war ihm auch sehr willkommen. Obwohl er gewußt hatte, daß er dieser Aufgabe wohl nicht gewachsen sein würde, hatte er seine Bedenken und seine Unsicherheit nicht geäußert, hatte sich mehr und mehr unter Druck gefühlt und dann, ohne es selbst zu merken, die Freude an der Arbeit verloren.

Herr Jäger erkennt durch diese Gespräche, daß sein Versagen vor allem darauf beruht hatte, daß er sich zu sehr auf andere verlassen hatte. Das sollte ihm nicht noch einmal passieren. So ist er nun bereit, seine eigene Strategie zu entwickeln und die Suche nach einer neuen Aufgabe aktiv in die Hand zu nehmen.

Einen nachdenklichen Samstagnachmittag verbringt Herr Jäger damit, Rückschau zu halten: auf die Stationen seines privaten und beruflichen Lebens, seine Erfolge und Mißerfolge, seine Schul- und Ausbildungserfahrungen, und ihm wird klar, daß er schon bessere Zeiten in seinem Leben gehabt hat.

Darüber gibt es auch Dokumente: Briefe, Zeugnisse, Diplome, Beurteilungen, Stellenbeschreibungen, die er in einem Aktenordner gesammelt hat. Den nimmt er sich nun vor, blättert darin, liest hier und dort, und langsam entfaltet sich vor seinem inneren Auge sein Lebensweg. Er beginnt, die Fakten zusammenzutragen, und verschafft sich einen systematischen Überblick über sein Leben. Es entsteht ein Rückblick, der mit der Schulzeit beginnt und sich chronologisch fortsetzt in der Erfassung seiner beruflichen Erfahrungen und Erfolge, so als ob er einer anderen Person Rechenschaft über seine Entwicklung, seine Erfahrungen und Kenntnisse vermitteln wollte.

Berufliche Bestandsaufnahme
Das Ergebnis ist eine berufliche Bestandsaufnahme, die sich in seinem "Werdegang" niederschlägt. Hieraus entwickelt er die zentrale schriftliche Unterlage seiner Bewerbungsmappe. Der Werdegang enthält neben den persönlichen Daten die beruflichen Stationen mit Positionsbeschreibung, Kennzeichnung der Verantwortungsbereiche, für die er zuständig war (zum Beispiel Mitarbeiter, Umsatz), sowie die wesentlichen Aufgaben und Probleme, die er dabei zu lösen hatte. Es scheint ihm lohnender, die Ergebnisse und Erfolge zu formulieren als etwa Darstellungen aus der Stellenbeschreibung zu nehmen, denn die weichen in wichtigen Teilen von dem ab, was er tatsächlich getan hat. "Bewerben heißt, für sich Werbung zu machen", denkt Herr Jäger, als er seine berufliche Bestandsaufnahme wie folgt formuliert:

MANFRED JÄGER

**Paul-Meyer-Straße 11a
61740 Oberschönhausen
Telefon   06170 / 45 731
Telefax   06170 / 45 897**

Werdegang

Persönliche Daten	27.03.1952	geboren in Düsseldorf verheiratet seit 1979 3 Kinder (15, 12, 5) Nationalität: deutsch, Sprachkenntnisse: gute Grundkenntnisse in Englisch
Schulen / Ausbildung	1956 - 1960 1960 - 1967	Volksschule in Meerbusch Albert-Schweitzer-Realschule in Meerbusch Abschluß: Mittlere Reife
	1967 - 1970	J. Mager & Co, Maschinenbau, Düsseldorf Aus- bildung zum Industriekaufmann Abschluß: Kaufmannsgehilfenbrief IHK Düsseldorf
	1972 - 1973	Bundeswehr
	1975 - 1979	Fachhochschule Dortmund Studium der Wirtschaftswissenschaften Schwerpunkte: Marketing, Werbung, Kostenrechnung Abschluß: Diplom-Betriebswirt, Note: gut
Weiterbildung	1987	Business Language School, Birmingham, 4 Wochen Auffrischungskurs in Wirtschaftsenglisch
	1991	Intercomputer GmbH, Darmstadt 3 Wochen Einführung in PC-An-

		wendungen, besonders Projekt-controlling, Kostenrechnung
Berufliche Praxis	1970 - 1972 1973 -1975	J. Mager & Co, Maschinenbau, Düsseldorf ca. 300 Mitarbeiter Umsatz ca. 250 Mio. DM
		Sachbearbeiter im Rechnungswesen: Erstellung von Auslandsrechnungen, Zollabwicklung, Mahnwesen
	1979 - 1982	Campana GmbH, Duisburg, Produktion und Vertrieb von Schmier- und Spezialreinigungsmitteln ca. 120 Mitarbeiter, ca. 80 Mio. DM Umsatz
		Assistent des Vertriebsleiters Aufgaben: Aufbau eines Vertriebscontrollings, Vor- und Nachbereitung von Sitzungen und Tagungen, Koordination von Produktions- und Vertriebsplanung
	seit 1982	Alltagschemie AG, Düsseldorf, Produktion und Vertrieb von Körperreinigungs- und -pflege- mitteln, Kosmetika 1994 ca. 1.700 Mitarbeiter Umsatz 1994: 650 Mio.DM
		Unternehmensbereich Pflegemittel Produktmanager für Lotionen 1 Mitarbeiter
		Betreuung des Produktbereichs in Produktentwicklung und -förderung, Vertriebsplanung, Marktforschung, Werbung.

	Umsatzsteigerung von 25 auf 35 Mio. DM
1984	Neueinführung der Produktlinie "Youngsters": Produkte zur Körperreinigung und Körperpflege, Kosmetika für 15- 18 jährige Mädchen und Jungen
	3 Mitarbeiter: Produktentwicklung, Marktforschung, Werbung, Auf- bau eines eigenen Vertriebswegs, Verkaufsförderungsaktionen Umsatz 1987: 6 Mio. DM
1987	Sanierung des Produktbereichs Luxusartikel: Seifen, Lotionen, Badesalze und -öle, Damen- und Herrenparfüms
	Mitarbeiter: 3 Produktmanager, 2 Verwaltungskräfte
	Direktbetreuung des Großhandels, Entwicklung und Durchführung einer neuen Marketingkonzeption, Verkaufsförderung, Vertreterschulung und Entwicklung eines Vertreterprovisionssystems Spitzenumsatz 1989: 2,4 Mio. DM
1991	Projektcontrolling für die gesamte Produktpalette
	Verantwortung für Produkt- und Vertriebsplanung, Erarbeiten von Vertriebsstrategien, Festlegen von Vertriebszielen, Kostenkon- trolle, Einführung eines neuen Produktmanagementsystems

Während Herr Jäger diesen Werdegang schreibt, stehen ihm seine dreiundzwanzig Berufsjahre wieder vor Augen: was er zu tun hatte, was er gelernt hat, was ihm leicht fiel und Spaß gemacht hat, was er ungern tat und was er in diesen verschiedenen Phasen hinzulernen konnte. Ihm fällt auf, daß er vor allem durch neue Herausforderungen gelernt hat und daß er eigentlich - von seinem letzten Aufgabenbereich einmal abgesehen – eine Reihe von Erfolgen aufzuweisen hat.

Zu seinem Erstaunen stellt Herr Jäger fest, daß er aber auch in seiner letzten Position, aus der er gekündigt wurde und die ihm so wenig Spaß gemacht hat, einige wichtige Erfahrungen gesammelt hat. Alle diese Erkenntnisse, Fähigkeiten und Einsichten stellen sein Kapital dar, das sicher auch in anderen Unternehmen gebraucht wird. Er hat jetzt nicht nur einen guten Überblick über seine Berufserfahrungen, sondern er hat auch wieder Mut bekommen, sich den Anforderungen des Arbeitsmarktes zu stellen.

Wenn Herr Jäger allerdings an eine mögliche berufliche Zukunft denkt, sieht er, daß sein beruflicher Lebensweg doch recht einseitig war: Seine gesamten Berufserfahrungen hat er – von seiner Lehre einmal abgesehen – im Chemiebereich gemacht. Und hauptsächlich kennt er sich in der Kosmetikbranche aus – einem Wirtschaftszweig, der gerade jetzt nicht so sehr gut dasteht. Trotzdem wird er dort nach einer Arbeitsstelle suchen, auch wenn er sich nicht viele Chancen ausrechnet.

Da stößt er in der Wochenendbeilage seiner Tageszeitung auf einen Artikel mit der Überschrift: "Die neue Arbeitswelt: Problemlöser statt Fachidioten gesucht". Der Kern der Aussagen des Autors: In Unternehmen werden, unabhängig von ihrer Branchenzugehörigkeit, zunehmend die gleichen Arten von Problemen gelöst. Es ist deshalb meist weniger wichtig, über welche Produkt- oder Branchenkenntnisse ein Arbeitsuchender verfügt, sondern welche Probleme er wie lösen kann. Produktkenntnisse muß man sich ohnehin in jedem Unternehmen neu erwerben, Erfahrungen in der Lösung von Problemen sind dagegen übertragbar. Die Empfehlung für Arbeitsuchende lautet: nicht nur sagen, was man gemacht hat, sondern auch wie man es gemacht hat.

Das bringt Herrn Jäger auf die Idee, systematisch darüber nachzudenken, wo seine spezifischen Kenntnisse und Fähigkeiten liegen, und diese einmal aufzulisten. Aus diesen Überlegungen entsteht sein Know-how-Profil. Nach einigem Herumprobieren unterteilt er sein Wissen und seine Erfahrungen in drei Bereiche:

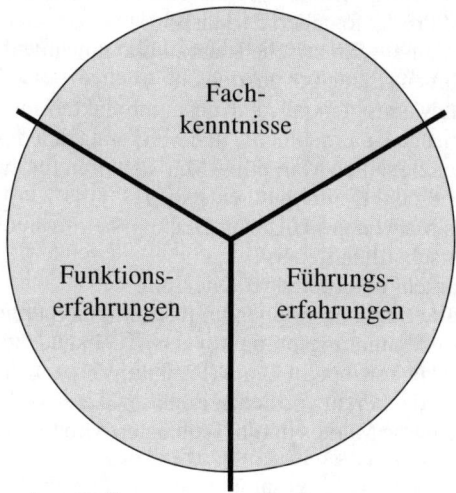

Abb.: 5 Know-how-Profil

Entsprechend diesen drei Sektoren gliedert Herr Jäger nun seine Darstellung wie folgt:

Fachkenntnisse im Bereich Marketing

- Die Marktposition von Markenartikel-Herstellern im Konsum- und Professionalbereich stärken
- Die unternehmerische Rahmenplanung auf Markt und Unternehmen strategisch ausrichten
- Das Marktpotential von Konsumprodukten analysieren und realistische Unternehmens- und Marketingziele festlegen
- Die relevanten Marketing-Mix-Faktoren für die Durchsetzung der Produkte am Markt einsetzen
- Die Marken mit Hilfe der Deckungbeitragsrechnung betriebswirtschaftlich steuern
- Marken- und Produktentwicklung
- Marketingkonzeptionen im Konsumgüterbereich (Neuprodukte und Sanierungsprodukte) entwickeln und durchsetzen
- Markenkonzept im Team (Produkt, Verpackung) unter Einbindung der verantwortlichen Funktionsbereiche kreativ umsetzen
- Etablierte Marken durch Neuplazieren im Einzelhandelsbereich sanieren

Fachkenntnisse in der Vertriebssteuerung

- Verkaufsförderungsaktionen planen, durchführen und evaluieren
- Ein neues Vertreterprovisionssystem erarbeiten und einführenEin
- Plazierungskonzept für Markenartikel in Supermärkten erarbeiten
- Großhandel bei der Belieferung von Einzelhändlern beraten
- Controlling als Steuerungsmittel einsetzen
- Ein neues Vertriebscontrolling entwickeln
- Controllingsysteme in Vertrieb, Produktplanung und Herstellung zusammenführen
- Ein Projektmanagementsystem einführen

Fähigkeiten im Bereich Kommunikation

- Marketingkonzepte umsetzen, Werbeagenturen briefen
- Medien- und Werbeagenturen bei der Realisierung in Printmedien, Rundfunk, TV führen

- Einführungspräsentationen vor Vertrieb, Management, Handel und Presse konzipieren und durchführen
- PR-Aktivitäten koordinieren, die Marktbotschaft in die Publikums- und Handelspresse transferieren
- Incentive-Veranstaltungen für Vertreter durchführen

Produktkenntnisse

- Kenntnisse im Bereich professioneller Reinigungs- und Schmiermittel
- Vertiefte Kenntnisse im Kosmetikbereich

Sonstiges

- Ausbaufähige Englischkenntnisse
- Vertiefte Kenntnisse in EDV-Anwendungen (Lotus 1-2-3), besonders Kostenrechnung, Projektmanagement

Funktionserfahrungen

- Produktmanagement
- Vertriebsplanung
- Vertriebsorganisation (einschließlich Vergütung)
- Projektplanung und Projektorganisation
- Controlling

Führungserfahrungen

- Mitarbeiterführung bis zu 5 Mitarbeitern
- Projektleitung
- Führung von 30 Vertretern
- Koordination von verschiedenen Funktionsbereichen im Unternehmen

Diese Darstellung hat Herrn Jäger viel Kopfzerbrechen bereitet:
Was ist wert, aufgenommen zu werden, was ist selbstverständlich? Ist er zu angeberisch, oder stellt er sein Licht unter den Scheffel? Er erinnert sich an den Psychologen, den er vor einiger Zeit um Rat gefragt hat, verabredet ein Treffen und nimmt sein Know-how-Profil mit.

Der Berater liest sich die Aufstellung aufmerksam durch und sagt dann: "Na, das sieht doch recht eindrucksvoll aus. Was ist Ihr Problem?" Zögernd rückt Herr Jäger damit heraus, daß er zwar alles getan habe, was in der Zusammenstellung steht, aber daß er doch nicht immer erfolgreich damit war. Ob er denn diese Tätigkeiten auch aufschreiben solle. Der Berater gibt ihm den Rat, den Punkt herauszusuchen, bei dem er die größten Zweifel hat. Er wählt seine letzte Tätigkeit, aus der heraus er gekündigt wurde. Mit dem Psychologen erarbeitet er sich dann nach und nach die Antworten auf folgende Fragen:

1. Was genau ist mir in dieser Tätigkeit gelungen?

2. Was genau ist mir in dieser Tätigkeit nicht gelungen?

3. Was würde ich heute anders machen?

4. Was muß ich beachten, was muß ich lernen, damit mir dieselben Fehler nicht noch einmal unterlaufen?

5. Wer kann mir dabei helfen?

In diesem Gespräch lernt Herr Jäger nicht nur, daß er aus Mißerfolgen genauso viel lernen kann wie aus Erfolgen, er findet auch Wege, wie er seine Fehler in Zukunft vermeiden kann. Ihm wird klar, daß es ihm nicht an Fachwissen gemangelt hat, sondern daß er durch sein Kommunikationsverhalten viele Menschen vor den Kopf gestoßen hat. Das war ihm besonders häufig passiert, wenn er unsicher war und seine Unsicherheit verstecken wollte. Hätte er sich mehr um Unterstützung durch seine Kollegen bemüht, statt sie bevormunden zu wollen, dann wäre er wohl nicht in die Isolation geraten, die letztlich zu seiner Kündigung führte.

Eine besondere Unterstützung verspricht er sich von seiner Frau, die ihm schon bei seiner Kündigung ehrlich und offen ihre Meinung gesagt hatte, denn auch zu Hause ist er, wie sie ihm häufig vorwirft, oft auftrumpfend und rücksichtslos. Annegret verspricht ihm, ihm in Zukunft weniger Vorwürfe zu machen, ihn aber statt dessen aufmerksam zu machen, wenn er wieder in seine alten Gewohnheiten fällt, und mit ihm gemeinsam zu überlegen, woran es lag und wie er sich anders verhalten kann.

Bei dem Blättern in seinen Unterlagen findet Herr Jäger den Zettel wieder, den er sich bei dem Gespräch mit Herrn Gruber über seine Stärken und Schwächen angefertigt hat. Er stolpert über die Aussage: "mangelnde Lernbereitschaft". Stimmt das wirklich? Wenn er sich ansieht, was er in seinen Berufsjahren an Weiterbildungsveranstaltungen besucht hat, kann er diesen Vorwurf nicht ganz zurückweisen. Ist er schon zu alt, um weiterzulernen? Er will das ausprobieren! Er hat zwar noch kein Ziel, was genau er lernen muß, um sich für eine zukünftige Arbeit zu rüsten, aber Sprachkenntnisse werden überall gebraucht. Er könnte also sein Englisch verbessern.

Am nächsten Tag geht er in eine Buchhandlung und kauft sich einen Kassettenkurs für "Business English", dem er sich von nun an täglich eine Stunde widmet.

Einige Abende später erklärt ihm Annegret, daß sie ihn sehr verändert finde: Er sei weniger aggressiv, wirke fröhlicher und zuversichtlicher. Herr Jäger merkt, daß sie recht hat. Die Arbeit an seinem Werdegang und seinem Know-how-Profil, die ehrliche Auseinandersetzung mit seinen Stärken und Schwächen, seine Bereitschaft, an sich arbeiten zu wollen – das alles hat ihm Hoffnung gegeben. Er ist nun viel zuversichtlicher, daß er wieder eine neue Arbeit finden kann, und er hat ein realistisches Selbstbewußtsein darüber gewonnen, was er kann und was er nicht kann. So gut hat er sich schon viele Jahre nicht mehr gefühlt.

Es ist Zeit für den nächsten Schritt: Die konkrete Arbeitsuche kann beginnen! Bevor er das tut, schenkt er seiner Frau einen großen Blumenstrauß, denn sie hat einen entscheidenden Anteil an seiner wiedergefundenen Lebensfreude.

Suche nach beruflichen Alternativen
Mit seinem Englischkurs hat sich in Herrn Jäger eine entscheidende Wende vollzogen: vom Blick zurück zum Blick nach vorn.

Er kann nun beginnen, eine Strategie für die Suche nach einem neuen Arbeitsplatz zu entwickeln. Er hat noch gut die Ausführungen in dem Zeitungsartikel vom Wochenende im Gedächtnis, daß es nicht darum geht, einen gleichen Arbeitsplatz wieder zu finden wie den, den man verloren hat, sondern seine Suche breiter anzulegen, sein gesamtes Potential auszuschöpfen.

So tut er das Naheliegende, was jeder Arbeitsuchende tut: Er kauft sich eine große Tageszeitung mit Stellenanzeigen, die er aufmerksam studiert. Er liest nicht nur die Stellenangebote, sondern er beschäftigt sich auch mit den Anzeigen von seinen Mitbewerbern am Arbeitsmarkt. Das Mißverhältnis zwischen Suchenden und Anbietern deprimiert ihn, aber als er gerade die Zeitung entmutigt weglegen will, macht er eine Entdeckung: Irgendwie passen die Suchanzeigen und die Arbeitsangebote nicht zusammen, denn die Stellensucher nennen ihren Beruf ("Bin EDV-Programmierer. Suche Arbeitsplatz in ..."), während in den Stellenangeboten Probleme und Fähigkeiten genannt werden ("Zur Einführung eines neuen Produkts in der Soundsobranche suchen wir eine Persönlichkeit, die ..."). Und beide kommen nicht zusammen, weil die Nachfrage nicht auf das Angebot paßt und umgekehrt. Unternehmen sind keine karitativen Einrichtungen, die großzügigerweise notleidenden Menschen Arbeitsplätze überlassen, sondern sie haben Probleme, die sie mit Hilfe kompetenter Mitarbeiter lösen wollen.

Das persönliche Profil
Herr Jäger versteht ja etwas von Marketing. Bei der Einführung der Produktlinie "Youngsters" war ihm das schon einmal klar geworden: Die Jugendlichen hatten die Pickel im Gesicht, und die Alltagschemie AG hatte das Mittel dagegen. Seine Strategie bestand darin, für Jugendliche ein wichtiges Problem zu lösen, und zwar auf eine Weise, die für sie akzeptabel war. Die gleiche Strategie muß er nun für seine Arbeitsplatzsuche anwenden: Sein potentieller Arbeitgeber hat einen Bedarf, und er, Herr Jäger, hat das Potential, um diesen Bedarf zu befriedigen. Wenn beides zusammenpaßt, ist alles weitere eine Frage von Verhandlungen. Bei der Neueinführung der Körperpflegemittel für Jugendliche hatte er sich von der Entwicklungsabteilung genau zeigen lassen, was die Produkte leisten konnten und was nicht. Er war also über ihre Stärken und Schwächen genau informiert, bevor er seine Marktstrategie entwickelte. Weiß er über sich selbst schon genau so viel wie über die "Youngster"-Produkte?

Auf Grund von Marktuntersuchungen hatte er genaue Vorstellungen darüber, welche Problemlösungen sich die Jugendlichen von den Produkten erwarteten, nämlich nicht nur, daß die Pickel weggingen, sondern daß die Salben und Lotionen schnell einzogen, daß die Tuben klein sein mußten, um sie auch in der Disko bei sich haben zu können, daß sie hautfarben sein mußten, damit sie nicht auffielen, und daß sie nicht unangenehm riechen durften. So genau muß er auch über die Zielgruppen bei seiner Arbeitsuche informiert sein, wenn er den gleichen Erfolg haben will. Er hat noch ein großes Stück Arbeit vor sich!

Er nimmt sich also noch einmal seinen Werdegang vor und konzentriert sich auf seinen größten Erfolg, die Einführung "Produkte für Youngster". Er ruft sich Situationen in Erinnerung, die ihm besonders gut gelungen sind, und sammelt dann seine Erkenntnisse auf einem Blatt Papier, das folgendermaßen aussieht[19]:

Meine Stärken	
Was mir gut gelungen ist	Warum es mir gut gelungen ist
Einfühlungsvermögen für Zielgruppe	Erinnerung an eigene Jugend, d.h., ich habe mich auf eigene Erfahrungen verlassen
Entwicklung einer Einführungsstrategie	Ich habe Phantasie
Zusammenarbeit mit der Werbeagentur	Ich habe Interesse an Werbung Ich kann mit kreativen Menschen umgehen
Kontakt mit Einzelhändlern	Ich bin überzeugend, wenn ich selbst überzeugt bin
Zusammenarbeit in der Produktgruppe	Ich kann gut im Team arbeiten

[19] Die beiden folgenden Listen waren bei Herrn Jäger wesentlich umfangreicher, aber für unseren Zweck reicht diese Kurzdarstellung.

Das sieht ja schon ganz gut aus, aber er hat natürlich auch eine Kehrseite, seine Schwächen, denen er sich auch stellen muß. Also nimmt er sich in gleicher Weise seinen größten Mißerfolg vor, die Tätigkeit, die zu seiner Kündigung geführt hat, und stellt fest:

Meine Schwächen	
Was mir nicht gelungen ist	Warum es mir nicht gelungen ist
Hantieren mit Zahlen und Tabellen	Ist mir zu unlebendig
Diskussionen mit Projektleitern	Ich mische mich nicht gern in anderer Leute Angelegenheiten
Mich jeden Morgen neu zu motivieren	Ich bin kein Einzelkämpfer
Anderen Menschen Fehler nachweisen	Ich kontrolliere nicht gerne
Anweisungen der Geschäftsleitung ausführen	Ich kann und will nicht nach Vorschriften arbeiten

Über das Ergebnis ist Herr Jäger erstaunt. Seine Schwächen hatten weniger mit mangelndem Wissen als mit seinen Neigungen zu tun und mit seinen Vorstellungen darüber, wie er sein Berufsleben gestalten wollte. Es zeigte sich allerdings auch, daß er sich leicht frustrieren ließ, wenn die Dinge nicht nach seinem Wunsch verliefen. Sicher muß er lernen, sich auch dann noch zu motivieren, wenn es nicht so läuft, wie er will. (Er macht sich einen Merkzettel, um seinen Psychologen danach zu fragen. Dieser macht ihn dann mit der unangenehmen Tatsache vertraut, daß sein Mangel an Frustrationstoleranz ein Zeichen für Unerwachsenheit sei. Seine fünfzehnjährige Tochter hat ihm ein gutes Beispiel gegeben, als sie sich mit Zähigkeit erfolgreich aus einem Tief in der Schule herausarbeitete. Nie hätte er gedacht, daß er von seiner Tochter etwas lernen könnte!)

Jetzt aber macht er sich weitere Notizen darüber, welche Wünsche er an eine zukünftige Berufstätigkeit hat. Er unterteilt sie in Wünsche an die berufliche Situation und Wünsche, die aus seiner privaten Situation kommen:

Wünsche an die berufliche Situation:

- Eine Aufgabe haben, von der ich überzeugt bin
- Sie sollte etwas mit Marketing zu tun haben
- Kontakt mit der Zielgruppe behalten
- Freiraum für meine Arbeit haben
- Im Team arbeiten
- Nicht für zu viele Mitarbeiter verantwortlich sein
- Nicht so viel reisen müssen
- Leistungsgerechtes Einkommen.

Wünsche an die private Situation

- Nicht weniger Einkommen als bisher, aber es muß auch nicht viel mehr sein
- Genug verdienen, um meinen Kindern eine ordentliche Ausbildung zu ermöglichen
- Ein Arbeitsplatz im Großraum Düsseldorf (bis zu 50 km vom Wohnort entfernt)
- Wenigstens einen Tag pro Woche mit der Familie zusammensein können.

Nun kann er sein Potential, das sich aus seinem Werdegang ergibt, mit seinen Wünschen an eine neue Tätigkeit in Übereinstimmung bringen. Er verliert auch nicht aus dem Auge, daß er letztlich für seinen neuen Arbeit- oder Auftraggeber einen Nutzen darstellen muß, aber mit seinen möglichen Zielgruppen will er sich später auseinandersetzen.

Er überträgt also die Schwerpunkte seines bisherigen Berufslebens, die er in seinem Know-how-Profil festgehalten hat, in die folgende Tabelle. Als er daran gehen will, mögliche Positionen einzutragen, fällt ihm nicht mehr ein als das, was er bisher schon gemacht hat. Da bekommt er Besuch von seinem Freund, der ihn schon mehrfach beraten hat. Dieser empfiehlt ihm, um sich nicht vorzeitig festzulegen, zunächst einmal ganz offen alle beruflichen Möglichkeiten ins Auge zu fassen, die sich aus seinem Angebotsprofil ableiten lassen.

In der Art eines Brainstormings[20] schreiben sie alle denkbaren Positionen auf, die ihnen zu seinen Schwerpunktbereichen einfallen. Daraus entwickeln sie sechs Alternativen, auf die er beruflich zusteuern könnte, zunächst ohne sein persönliches Profil zu berücksichtigen. Nun kann er daran gehen, seine Tabelle auszufüllen. Sie sieht folgendermaßen aus:

---

[20] Ein kreatives Verfahren, in dem ohne jede Bewertung alles aufgeschrieben wird, was einem zu der gestellten Frage einfällt.

Bilanz der beruflichen Möglichkeiten (Strategiekonzept)

Nr.	Schwerpunkt-bereiche	Nr.	mögliche Aufgaben, Positionen, berufliche Alternativen	Priorität	Nr.	Zielgruppen mit potentiellem Bedarf
1	Marketing	a)	Marketing Manager			
2	Marken- und Produkt-entwicklung	b)	Produktmanager			
3	Vertriebs-steuerung	c)	Vertriebsleiter			
4	Controlling	d)	Controller			
5	Kommunikation	e)	selbständiger Marketingberater			
6	Produkt-kenntnisse	f)	Marketingtrainer (selbständig oder angestellt)			

Die Bewertung fällt ihm auf dem Hintergrund seiner Stärken- und Schwächenliste und seiner Wünsche an seinen zukünftigen Arbeitsplatz nicht mehr schwer. Aber sind seine Vorstellungen auch realistisch? Das muß eine Liste der möglichen Zielgruppen, also der Branchen, in denen er arbeiten könnte, ergeben.

Herr Jäger ergänzt also seine Tabelle um die Branchen, in denen er die gewünschte Tätigkeit ausüben könnte. Das sind die Zielgruppen, auf die er sich konzentrieren muß:

Bilanz der beruflichen Möglichkeiten (Strategiekonzept)

Nr.	Schwerpunkt-bereiche	Nr.	mögliche Aufgaben, Positionen, berufliche Alternativen	Priorität	Nr.	Zielgruppen mit potentiellem Bedarf
1	Marketing	a)	Marketing Manager	A	i	Kosmetik
2	Marken- und Produkt-entwicklung	b)	Produktmanager	D	ii	Mode
3	Vertriebs-steuerung	c)	Vertriebsleiter	G	iii	Konsumgüter-artikel
4	Controlling	b)	Controller	F	iv	Handel/Großhandel

Nr.	Schwerpunkt-bereiche	Nr.	mögliche Aufga-ben, Positionen, berufliche Alter-nativen	Priorität	Nr.	Zielgruppen mit potentiellem Bedarf
5	Kommunikation	e)	selbständiger Marketingberater	E	v	Werbung
6	Produkt-kenntnisse	f)	Marketingtrainer (selbständig oder angestellt)	C	vi	Selbständigkeit
7	Entwicklung von Werbestrategien	g)	Etatdirektor in einer Werbeagentur	B	vii	Werbung

Wie nun weiter? Warten, bis er auf die richtige Stellenanzeige stößt? Bewerbungsunterlagen per Postwurfsendung an alle Fir-men aller Branchen schicken? Das kann ja wohl keine gute Stra-tegie sein! Da muß er sich etwas Besseres einfallen lassen. Er muß selbst die Initiative ergreifen! Während er ruhelos im Zimmer auf- und abgeht und nach einem geeigneten Ansatz sucht, fällt ihm wie-der der Titel des Artikels ein, den er vor einiger Zeit gelesen hat-te und der ihm den Anstoß gegeben hatte, sich Klarheit über sein Know-how-Profil zu verschaffen: "Problemlöser statt Fachidio-ten gesucht."

Problemlöser – das heißt doch wohl: Er muß etwas von den Pro-blemen wissen, für die er sich als Fachmann anbieten will. Er muß etwas über die Branchen und über einzelne Unternehmen wissen, er muß zielgenau dort ansetzen, wo jemand wie er gesucht oder gebraucht wird. Wie ein Detektiv oder ein Journalist muß er vor-gehen, er muß recherchieren. Ja, das ist der Schlüssel: Recherche.

Aber wie macht man das? Was würde ein Journalist tun, der eine Story über eine Wirtschaftsbranche schreiben will? Wahrscheinlich würde er sich zunächst einmal Grundinformationen beschaffen und dann beginnen, Experten gezielt zu befragen.

Zeitungen und Wirtschaftsmagazine sind wahrscheinlich eine gute Auskunftsquelle. Um nicht in dem Wust von Informationen, die ihn erwarten, zu ertrinken, entwickelt er für sich einen Fragebogen, mit dessen Hilfe er die Nachrichten sortieren und festhalten kann:

- Allgemeine wirtschaftliche Lage der Branche
- Besondere Herausforderungen
- Spezifische Marktprobleme
- Unternehmen, die erwähnt werden: ihre Schwerpunktprodukte, ihre Pläne, ihre wirtschaftliche Lage, ihre Probleme, ihre besonderen Leistungen
- Meine Problemlösungsangebote.

So gerüstet findet er sich am folgenden Morgen um neun Uhr in der Stadtbücherei ein. Vorher hat er sich einen Stapel verschiedenfarbiger Karteikarten besorgt, für jede Branche, die er untersuchen will, eine eigene Farbe. Im Lesesaal läßt er sich zunächst die wichtigsten Wirtschaftsmagazine des letzten halben Jahres geben, die er Seite um Seite nach brauchbaren Informationen durchsieht. Nach einiger Zeit hat er sich so eingearbeitet, daß er weiß, was er wo finden kann. Er macht sich Notizen, und schon bald wächst der Stapel beschriebener Karteikarten vor ihm.

Immer wieder zwischendurch erlaubt er sich einige Tagträume: Wie würde es mir gehen, wenn ich dort arbeiten würde? Was könnte ich zu einer guten Lösung beitragen? Was kann ich, das andere brauchen können? Wenn er fündig wird, schreibt er sich Stichworte unter der Kategorie "Meine Problemlösungen" auf.

Einige Tage – Resturlaub, den er auf diese Weise nutzbringend einsetzen kann – verbringt Herr Jäger in der Stadtbücherei. Neben Wirtschaftsmagazinen liest er auch Tageszeitungen mit einem guten Wirtschaftsteil, und er liest auch wieder die Stellenangebote, um ein Gefühl dafür zu bekommen, was gesucht wird und wie gesucht wird, denn bei einer Bewerbung muß er sich auf die Bedürfnisse und die Sprache der Unternehmen einstellen.

In der Stadtbücherei stößt er auch auf ein sehr hilfreiches Nachschlagewerk, das "Handbuch der deutschen Großindustrie", das im Hoppenstedt Verlag erschienen ist[21]. Darin findet er alle großen Unternehmen beschrieben, und da sie nach Branchen und nach Postleitzahlen sortiert sind, filtert er problemlos die für ihn interessanten Unternehmen im Großraum Düsseldorf heraus, denn dort möchte er ja gerne bleiben. Dieses Handbuch informiert ihn über die Größe, die Hauptprodukte, die wirtschaftliche Situation der Unternehmen und nennt auch die Adresse und die Namen der Geschäftsleitungsmitglieder. Er wird es gut verwenden können, wenn er seine Bewerbungen abschickt.

Zusätzlich verschafft er sich den Messekatalog der letzten Fachmesse und erhält so eine lückenlose Übersicht über die Branchenadressen. Aus diesen beiden Unterlagen entsteht eine umfangreiche Adressenliste.

Herr Jäger weiß nun schon eine Menge über seinen Arbeitsmarkt, aber noch sind die Informationen abstrakt und allgemein. Also geht er seinen Bekanntenkreis durch, wer in den ihn interessierenden Branchen arbeitet. Er besucht wieder Freunde, die er lange nicht gesehen hat, um sie auszufragen, läßt sich weitere Personen nennen, die ihm weiterhelfen können, und alle sind erstaunt, wie gut er schon über ihre Branche Bescheid weiß. Er ist so engagiert, so zupackend, und er arbeitet so viel wie in den letzten Jahren schon lange nicht mehr. Und die Arbeit befriedigt ihn.

Nach etwa vierzehn Tagen hat er ausreichend Informationen gesammelt, um konkrete Bewerbungen ins Auge zu fassen.

Wege in den Markt
Herr Jäger nimmt sich seine Karteikarten vor und sortiert seine Informationen nach zwei Gesichtspunkten:

■ Einzelne Unternehmen, die ihn interessieren und über die er nun genug weiß, um sich für eine konkrete Aufgabe zu bewerben

■ Branchen, bei denen er sich Erfolgschancen ausrechnet und von deren Marktproblemen er sich nun ein Bild machen kann.

---

[21] Handbuch der Großunternehmen; n.n., Hoppenstedt, Darmstadt.

In einem Wirtschaftsmagazin hatte er einen ausführlichen Artikel über die Firma Ecoutée gelesen, ein kürzlich gegründetes Tochterunternehmen eines Lederwarenherstellers, das Luxusartikel für Herren vertreiben sollte. Die Idee war, eine Marke durchzusetzen, die zunächst nicht nur Lederartikel, sondern auch Kosmetika, Sportkleidung, ein Hochglanzmagazin und später auch ein Netz von Klubs, Reiseangebote usw. umfassen sollte. Anscheinend war es aber bisher noch nicht gelungen, dieses Konzept am Markt einzuführen, die Marke drohte zu verschleißen.

Hier könnte sich eine Aufgabe bieten, die ihn reizen würde. Das Produktspektrum war so breit, daß es nur durch ein Team eingeführt werden konnte, das aus Spezialisten bestehen mußte, die aber bereit waren, eine einheitliche Idee gemeinsam zu vertreten. Hier könnte er viele seiner Fähigkeiten einbringen. Er schrieb also auf die Karteikarte der Firma Ecoutée unter die Rubrik "Meine Problemlösungsangebote":

- Zielgruppenspezifische Marktforschung planen und durchführen
- Erkennen und Transportieren des Zusatznutzens eines Konsumartikels
- Umsetzen der Marktforschungsergebnisse in Produktideen und
- Realisieren der Markteinführung
- Phantasie und Kreativität entwickeln
- Fähigkeit, im Team zu arbeiten.

Mit diesen Vorstellungen entwirft er nun sein erstes Kurzbewerbungsschreiben. Der Kopf raucht ihm, und viele zusammengeknüllte Entwürfe liegen im Papierkorb, bis der folgende Brief steht:

MANFRED JÄGER Paul-Meyer-Straße 11a
61740 Oberschönhausen
Telefon 06170 / 45 731
Telefax 06170 / 45 897

Herrn
Dr. Klaus Bergmann
Mitglied der Geschäftsleitung
Ecoutée GmbH

Postfach 45 23 10
45326 Radelburg   18. Juli 1995

**Zielgruppengerechte Einführung neuer Produkte für
Luxusartikel**

Marketingexperte mit langjähriger Erfahrung im Markenartikel
bereich bietet Zusammenarbeit an.

Sehr geehrter Herr Dr. Bergmann,

der Markt für Luxusartikel ist zur Zeit besonders umkämpft. Neue
Marken lassen sich nur längerfristig und mit großem finanziellen
Aufwand durchsetzen. Deshalb ist es sinnvoll, das Potential
eingeführter Marken durch Produktergänzung zu nutzen, zumal es
auch dem Kundeninteresse entspricht, unterschiedliche Produkte
der gleichen Marke zu verwenden, um auf diese Weise in der eigenen Umgebung unverwechselbar zu erscheinen.

In meinem beruflichen Werdegang habe ich erfolgreich
neue Produkte zu etablierten Marken für bestimmte Zielgruppen
eingeführt. Dabei habe ich folgende Aufgaben gelöst:

- Entwickeln eines zielgruppengerechten Marketingkonzepts im
  Rahmen einer Unternehmensstrategie
- Planen und Durchführen von Marktuntersuchungen
- Werbeagenturen briefen und steuern
- Entwickeln eines Vertriebskonzepts
- Vertriebssteuerung im Einzelhandel
- Kontrollieren des Absatzes unter Verwendung der
  Deckungsbeitragsrechnung

133

■ Beraten des Einzelhandels bei der Plazierung von Produkten
■ Durchführen von begleitenden PR-Maßnahmen.

Besondere Produktkenntnisse in der Kosmetikbranche habe ich im deutschen Marketingbereich eines internationalen Unternehmens im Raum Düsseldorf gesammelt. Ich habe erfolgreich und gerne in Teams gearbeitet.

Bitte geben Sie mir eine kurze Nachricht, ob meine Kenntnisse und Erfahrungen Ihr Interesse finden. Ich schicke Ihnen dann meine vollständigen Unterlagen.

Mit freundlichen Grüßen

Manfred Jäger

Nachdem ihm dieses erste Bewerbungsschreiben gelungen zu sein scheint, sucht er sechs weitere Firmen heraus, deren Problemlage er genauer kennt und schreibt ähnlich konkrete Angebote, die er mit klopfendem Herzen in den Briefkasten steckt. Die Adressen hat er seinen Adressenunterlagen entnommen, die Namen der zuständigen Führungskräfte erfuhr er durch einen kurzen Anruf in der Telefonzentrale des Unternehmens.

Mit diesen Kurzbewerbungen möchte er herausfinden, ob in den Unternehmen überhaupt ein Bedarf für seine Problemlösungen besteht und ob er eine Chance für eine Bewerbung hat. Erst wenn er durch eine positive Rückantwort herausgefunden hat, daß es ein "gemeinsames Thema" gibt, wird er seine komplette Bewerbungsmappe zusenden. Er hofft, dadurch als Problemlöser und nicht als Bittsteller aufzutreten und so seine Chancen für eine persönliche Vorstellung zu verbessern.

Aber die Basis von sieben Bewerbungen scheint ihm doch noch etwas zu schmal zu sein. Er entwirft deshalb verschiedene Musterbriefe, die er an alle einschlägigen Unternehmen der Region versenden will.

Für diese Briefe bedient er sich der Serienbrieffunktion in der Textverarbeitung seines PC, so daß er Namen und Adressen aus einer Adreßdatei, die er sich erstellt, automatisch in den Brief einfügen kann.

Einer dieser Briefe, die er an Markenartikelhersteller schickt, lautet:

MANFRED JÄGER   **Paul-Meyer-Straße 11a**
                                      61740 Oberschönhausen
                                      Telefon   06170 / 45 731
                                      Telefax   06170 / 45 897

»Anrede« »Titel«
»Vorname« »Name«
»Funktion«
»Firmenname«

»Straße«
»PLZ« »Ort«   »Datum«

Produkte profilieren und zielgerecht am Markt plazieren

Marketingexperte mit langjähriger Erfahrung im Markenartikelbereich bietet Zusammenarbeit an.

Sehr geehrter »Anrede« »Titel« »Name«,

die Vielzahl von gleichartigen Produkten macht die Kaufentscheidung für den Kunden immer zufälliger. Der günstige Preis gibt den Ausschlag, eine Markenbindung kommt immer seltener zustande.

Mehr denn je bedarf es daher einer gezielten Profilierung neuer und bestehender Produkte und Marken, damit Marktanteile und Preise durchgesetzt werden können. Auf diesem Gebiet habe ich fast 10 Jahre lang erfolgreich gearbeitet und dabei folgende Probleme gelöst:

■ Entwickeln zielgruppengerechter Marketingkonzepte
■ Planen und Durchführen von Marktuntersuchungen
■ Werbeagenturen briefen und steuern

- Entwickeln von Vertriebskonzepten
- Vertriebssteuerung, besonders im Einzelhandel
- Kontrollieren des Absatzes unter Verwendung
  der Deckungsbeitragsrechnung
- Sanieren abgesackter Marken - Umsatzsteigerung von
  30 % in zwei Jahren
- Beraten des Einzelhandels bei der Plazierung von Produkten
- Durchführen von begleitenden PR-Maßnahmen.

Im Laufe meines Berufslebens habe ich besondere Produktkenntnisse in der Kosmetikbranche (Standard- und Luxusartikel) und in der Reinigungsbranche erworben. Ich verfüge über Führungserfahrung mit Mitarbeitern und Vertretern und habe erfolgreich in Teams gearbeitet.

Bitte geben Sie mir eine kurze Nachricht, ob meine Kenntnisse und Erfahrungen Ihr Interesse finden. Ich schicke Ihnen dann meine vollständigen Unterlagen.

Mit freundlichen Grüßen

Manfred Jäger

Diese Briefe schickt er an die gesamte Zielgruppe, rund hundert Unternehmen im Großraum Düsseldorf. Es war nicht ganz einfach, an alle Adressen und Namen zu kommen, aber die Industrie- und Handelskammer, das Branchenverzeichnis und Anrufe bei den betroffenen Firmen halfen ihm weiter. Dabei achtet er darauf, seine Briefe an die Fachverantwortlichen und nicht an die Personalleiter zu schicken. Er vermutet, daß die Personalleiter nur bei offen ausgeschriebenen freien Stellen reagieren, während die Fachverantwortlichen gerade in schwierigen wirtschaftlichen Zeiten auf ihre Ergebnisse achten müssen und dabei wohl eher erfolgversprechende Neueinstellungen im Unternehmen durchsetzen.

Selbstverständlich bewirbt er sich auch auf Anzeigen in überregionalen Zeitungen und in der Fachpresse. Er kann sich vorstellen, daß er zur Zeit auf eine Konkurrenz von sicher zweihundert

Mitbewerbern trifft. Deshalb kommt es ihm darauf an, das Nachfrageprofil in der Stellenanzeige genau zu analysieren und sich nur dann zu bewerben, wenn er ihm in den wesentlichen Kriterien entsprechen kann. Im Anschreiben bemüht er sich dann um einen persönlichen Stil, in dem er seinen Nutzen für das suchende Unternehmen herausstellt.

Nun kommt eine Zeit des Wartens auf Antworten. Um sich nicht nervös zu machen, beginnt Herr Jäger, sich auf mögliche Bewerbungsgespräche vorzubereiten. Er nimmt sich seinen Werdegang, seine Zeugnisse und sein Know-how-Profil noch einmal vor. Er versetzt sich in seiner Phantasie in ein Bewerbungsgespräch mit Herrn Dr. Bergmann von der Firma Ecoutée und beginnt, über seine Erfahrungen und Vorstellungen, seine Stärken und seine Wünsche zu sprechen.

Nach einer Weile spürt er, daß er ins Schwafeln gerät. Also nimmt er sich wieder ein Stück Papier vor und schreibt die Punkte, die er ansprechen will, stichwortartig auf, wobei er sich auf seine Karteikarten stützen kann. Leise vor sich hinmurmelnd übt er Formulierungen. Aber auch jetzt noch ist er sich unsicher, ob er sich richtig präsentiert, ob er zu dick aufträgt oder zu wenig von sich zeigt.

Da kommt ihm der rettende Gedanke, seinen Freund Peter wieder einmal um Unterstützung zu bitten. An den nächsten Abenden setzen sie sich zusammen, sein Freund schlüpft in die Rolle des Chefs, stellt Fragen, läßt sich berichten und gibt anschließend Herrn Jäger Feedback, wie er bei ihm angekommen ist. Mit der Zeit wird Peter raffinierter und macht es ihm immer schwerer. Zum Beispiel tut er so, als habe er es sehr eilig, dann muß Herr Jäger in knappen Worten alles Wichtige verständlich herausbringen. Oder er stellt Fangfragen, reagiert mißtrauisch, bietet ein viel zu geringes Gehalt an, läßt sich immer wieder von außen stören und so weiter. Peter entwickelt eine beträchtliche Phantasie dabei, ihn zu irritieren, und Herr Jäger wird mit der Zeit immer sicherer und gelassener.

Bei den Übungen hat er gemerkt, daß er am überzeugendsten wirkt, wenn er seine Kompetenzen durch Beispiele deutlich macht und zeigt, daß er bei der Realisierung der Projekte Fachfragen, Planung und Ausführung, Organisation und Mitarbeiterführung beherrscht. So nimmt das Ausarbeiten von Beispielen für seine Kompetenzfelder einen zentralen Platz in seiner Vorbereitung ein. Später wird es ihm dann gelingen, durch die Beispiele das Vorstellungsgespräch in einen Dialog zu verwandeln und sich als "Geschäftspartner" darzustellen – eine Basis für seinen baldigen Erfolg.

Nach zwei Wochen – Herr Jäger ist inzwischen aus seiner Firma ausgeschieden – kommt der erste Anruf mit der Bitte um Zusendung weiterer Bewerbungsunterlagen. Herr Jäger hat sich ein Buch über die Gestaltung von Bewerbungsunterlagen besorgt[22], dessen Ratschläge er bei der Erstellung der Unterlagen sorgfältig beachtet. Doch leider bekommt er sie nach einiger Zeit, verbunden mit einer Ablehnung, wieder zurück. In den nächsten Tagen erhält er noch mehr Absagen, teils ohne weiteren Informationswunsch, teils nach Versendung seiner Unterlagen. Herr Jäger ist schon sehr entmutigt.

Da meldet sich Herr Dr. Bergmann von der Firma Ecoutée und bittet ihn zu einem Gespräch, zu dem er seine Unterlagen mitbringen soll. Und wie es der Zufall will, in dieser Woche erhält er auch noch zwei weitere Einladungen.

Klopfenden Herzens fährt Herr Jäger zu den Vorstellungsgesprächen. Zunächst hat er noch ein unbehagliches Gefühl, als er seinem Gesprächspartner gegenüber sitzt, aber schnell spürt er, daß ihm seine gute Vorbereitung nützt: Er wird lockerer, kommt auch mit schwierigen Fragen zurecht, und am Ende der Woche hat er den Eindruck, daß seine Chancen ganz gut sind.

Am ersten Tag des Folgemonats, nach vier Wochen Arbeitslosigkeit, tritt Herr Jäger eine Stelle als Produktmanager für Herren-Freizeitbekleidung bei der Firma Ecoutée an.

6.4 Überblick über die einzelnen Schritte der Strategie

Herr Jäger war mit seiner Bewerbung erfolgreich. Um an dieses Ziel zu gelangen, hat er eine beträchtliche Energie entwickelt, er

---

[2] Ewald; Bewerbung für Selbstbewußte; Humboldt, Berlin. Harmsen; Bewerbung; Falken Verlag, Niederhausen. Hesse; Die überzeugende schriftliche Bewerbung; Eichborn, Frankfurt

ist systematisch vorgegangen, und er hat sich – auch mit Hilfe seiner Frau – nicht entmutigen lassen. Nicht alle Arbeitsuchenden
schaffen diesen Weg allein. Sie brauchen Hilfe und Unterstützung
von erfahrenen Beratern, die in staatlichen und gemeinnützigen
Institutionen oder in Outplacement-Beratungen zu finden sind.
Letztere sind meist besonders auf arbeitslos gewordene Führungskräfte spezialisiert und helfen Betroffenen im Auftrag von Unternehmen noch während des laufenden Vertrags.

Wenn Sie eine Unterstützung von Fachspezialisten nicht erhalten
können und keine so tüchtige Ehefrau wie Herr Jäger zur Hilfe-
stellung haben, sollten Sie sich eine andere Person ihres Ver-
trauens auswählen, die Sie in dieser Zeit begleitet. Aus Fachbüchern
wie diesem kann man gute Anregungen entnehmen, doch ersetzen sie nicht das anregende und einfühlsame Gespräch.

Ob mit oder ohne externe Unterstützung – der Arbeitsuchende
muß selbst aktiv werden, er darf sich nicht darauf verlassen, daß
ihn irgend jemand ausfindig macht, der ihm eine Stelle anbietet.
Wer sich selbst aufgibt, wird auf dem Arbeitsmarkt in einer Markt-
wirtschaft schnell aufgegeben und scheidet aus dem Arbeitsleben
aus.

Eine der Besonderheiten des Arbeitsmarktes liegt darin, daß der
Bewerber seine Mitbewerber nicht kennt. Er muß deshalb alle ihm
zur Verfügung stehenden Kräfte mobilisieren, um sich eine aus-
sichtsreiche Position am Markt zu verschaffen. Es empfiehlt sich,
dabei systematisch vorzugehen. Die einzelnen Schritte, die Herr
Jäger gegangen ist, seien deshalb der Übersicht halber hier noch
einmal im Zusammenhang dargestellt:

1. Berufliche Bestandsaufnahme in zwei Schritten:

A. Was habe ich bisher getan: Übersicht erstellen über den Werdegang

- Persönliche Daten

- Schule, Ausbildung

- Berufsbezogene Weiterbildung

- Berufliche Entwicklung:
  Positionen, Aufgaben, Verantwortung

- Beispiele gelöster Aufgaben

B. Was bringe ich in die neue Position ein: Erstellen des Know-how-Profils

- Spezielles Problemlösungspotential

- Fach- und Führungserfahrungen

- Vertiefte Kenntnisse über Märkte, Produkte, Technologien, Fachgebiete, Branchen

---

2. Berufliche Alternativen: Was könnte ich anderes tun?

A. Mögliche alternative Aufgaben und Positionen

- angestellt

- selbständig

B. Mögliche Zielgruppen

- alternative Branchen

- andere Arbeitsgebiete

3. Persönliches Profil:
Meine Eignungen und meine Neigungen

A. Selbsteinschätzung

- Erfolgsbilanz

- Bewertung der eigenen Fähigkeiten

- Realistische Wünsche an die zukünftige Berufstätigkeit

B. Fremdeinschätzung

- Feedback von urteilsfähigen Personen

- Tests

- Feedback in Seminaren

4. Wege in den Markt: die Bewerbung

A. Vorarbeiten für die persönliche Präsentation

- Herausarbeiten der zentralen Probleme und
  Aufgabenstellungen möglicher Arbeitgeber

- Darstellen des eigenen Know-hows und der Lösungsansätze,
  die der Bewerber dafür bietet

B. Wege

- Anzeigen (Stellenangebote und Stellengesuche)

- Direktbewerbung

- Netz der persönlichen Kontakte

- Nach weiteren Alternativen suchen

- Selbständigkeit prüfen

Diese strategischen Schritte können nur erfolgreich durchlaufen werden, wenn es dem Arbeitsuchenden gelingt, den Schock über den Verlust des Arbeitsplatzes zu überwinden, ehrlich und realistisch sich selbst gegenüber zu sein und sein Selbstbewußtsein zu stabilisieren. Der entlassende Arbeitgeber und die nähere Umgebung des Arbeitsuchenden, also der Partner oder die Partnerin, die Familie und die Freunde können dazu einen entscheidenden Beitrag leisten.

Im Wettbewerb um die freien Arbeitsplätze ist der systematisch und planvoll vorgehende Bewerber im Vorteil, seine Chancen sind deutlich besser, weil der Strategie folgende Erfolgsfaktoren zugrunde liegen:

Erfolgsfaktoren der Strategie

■ Stabilisieren des Selbstwertgefühls: Selbstbewußter sein als andere durch Aufarbeiten der Trennungssituation, Herausarbeiten der persönlichen Kompetenzfelder, persönliche und fachliche Weiterbildung.

■ Chancen erweitern: Flexibler sein als andere durch das Herausarbeiten beruflicher Alternativen, die aktiv beworben werden.

■ Persönliches Profil und Stellenprofil zur Deckung bringen: "Level of Competence" ansteuern durch die Analysen von Stärken und Schwächen, von Fach- und Führungserfahrungen, von Neigung und Realisierbarkeit.

■ Aktive Bewerbungsstrategie: Schneller sein als andere durch Initiativbewerbung an ausgewählte Zielgruppen, Nutzung von vielen Wegen zum Markt.

■ Präsentation verbessern: Besser ankommen als andere durch aussagefähige Bewerbungsunterlagen, Vorstellungstraining (vom Nachfrager zum Anbieter).

6.5 Zusammenfassung

Dieses Kapitel ist den Arbeitsuchenden gewidmet, aber es wendet sich an den Kündiger ebenso wie an den Gekündigten. Schon in der Phase der Kündigung können Vorgesetzte, Kollegen und Personalabteilung, eventuell über Einbeziehung externer Berater, dem Betroffenen Wege aufzeigen, wie er zu einer neuen Arbeit oder Aufgabe kommen kann, denn die Trennung von einem Mitarbeiter beendet zwar den Vertrag, sollte aber nicht der Zukunft des Mitarbeiters ein Ende setzen.

Für viele Entlassene kommt eine weitere Berufstätigkeit aus Gesundheits- oder Altersgründen nicht mehr in Frage. Aber das muß nicht das Ende der Teilnahme am gesellschaftlichen Leben sein. Es gibt eine Fülle von Aufgaben in unserer Gesellschaft, für die die Erfahrungen und das Können gerade älterer Arbeitsloser gebraucht werden. Wie man solche Aufgaben finden und wie man sich darauf einstellen kann, darüber berichtet der erste Abschnitt.

Der Hauptteil zeigt die Darstellung einer Strategie von der Kündigung bis zum neuen Arbeitsplatz auf. Am Beispiel eines Gekündigten werden die einzelnen Schritte beschrieben und sowohl die sachlichen wie die emotionalen Aspekte dargestellt.

Den Abschluß bildet eine Übersicht über das strategische Vorgehen.

Literaturhinweise

Bewerbung

Bruns, Gerhard:
Der richtige Einstieg ist die halbe Karriere, Ihre individuelle Erfolgspotentialanalyse. 1995, Econ, Düsseldorf

Bürkle u.a. :
Stellensuche und Karrierestrategie. 1993, Gabler Verlag

Göpfert, Georg:
Die argumentative Bewerbung. 1995, DTV-Beck, München

Harmsen, Claus:
Bewerbung. 1995, Falken Verlag, Niedernhausen

Hesse, Jürgen:
Die überzeugende schriftliche Bewerbung.
1995, Eichborn Verlag, Frankfurt a.M.

Ibelgaufts, Renate:
Erfolgreiche Bewerbungen. 1995, Augustus Verlag, Augsburg

Kratz, Hans-Jürgen:
Handbuch Bewerbung. 1995, Walhalla u.P., Regensburg

Yate, Martin John:
Das erfolgreiche Bewerbungsgespräch.
1993, Campus Verlag, Frankfurt a.M./New York

Kündigung

Bauer, Jobst-Hubertus / Röder, Gerhard:
Kündigungsfibel. 1991, Sauer, Heidelberg

Kittner, Michael
Kündigungsschutzrecht. 1995, Bund-Verlag, Köln

Knorr, Gerhard
Handbuch des Kündigungsrechtes. 1995, VWV-Verlag, Köln

Kündigungsschutzgesetz in der Personalpraxis.
1995, Bachern, Köln

Mäschle, Walter:
Lexikon der Kündigungsgründe. 1991, VWV-Verlag, Köln

Weber, Ulrich / Kothe-Heggemann, Claudia:
Kündigung und Kündigungsschutz. 1994, Ueberreuter, Wien

Wenzel, L.:
Kündigung und Kündigungsschutz.
1992, Luchterhand, Neuwied

Outplacement

Sauer, Mechthild:
Outplacement – Beratung.
1991, Gabler, Betriebswirtschaftl. Verlag, Wiesbaden

Schulz, Dieter von / Fritz, Wolfgang / Schuppert, Dana u.a.:
Outplacement.
1989, Gabler, Betriebswirtschaftl. Verlag, Wiesbaden

Stoebe, Fritz:
Outplacement: Manager zwischen Trennung und Neuanfang
1993, Campus Verlag, Frankfurt a.M./New York

Sozialplan/Abfindung

Berkowsky, Wilfried:
Die betriebsbedingte Kündigung. 1994, Beck, München

Hamm, Ingo / Rupp, Rudi:
Betriebsänderungen, Interessenausgleich und Sozialplan.
1995, Luchterhand, Neuwied

Hase, Detlef / Neumann-Cosel, Reino von:
Handbuch Interessenausgleich und Sozialplan.
1995, Bund Verlag, Köln

Betriebliche Altersversorgung

Ahrend, Peter / Förster, Wolfgang:
Gesetz zur Verbesserung der bertieblichen Altersversorgung.
1994, Beck, München

Andresen, Boy-Jürgen:
Frühpensionierung. 1994, Beck, München

Esser, Werner:
Die bertiebliche Altersversorgung. 1994, Haufe, Freiburg

Kommunikation

Berne, Eric:
Spiele der Erwachsenen. 1991, Rowohlt, Reinbek

Berne, Eric:
Was sagen Sie, nachdem Sie "Guten Tag" gesagt haben?
1975, Verlag Moderne Industrie, Landsberg

Harris, Thomas A.:
Ich bin o.k. – Du bist o.k. 1993, Rowohlt, Reinbek

Schulz von Thun, Friedemann:
Miteinander reden. Bd. 1 + 2. 1993, Rowohlt, Reinbek

Schwäbisch, Lutz / Siemens, Martin:
Anleitung zum sozialen Lernen. 1974, Rowohlt, Reinbek

Watzlawick, Paul:
Anleitung zum Unglücklichsein. 1992, Piper, München

Watzlawick, Paul:
Menschliche Kommunikation. 1990. Huber, Bern

Adressen

Handbuch der Großunternehmen. 1995, Hoppenstedt, Darmstadt

Kösters, Andreas / Lueckel, Gordon:
Die 100 besten Arbeitgeber. 1994, Campus, Frankfurt a.M.

Liedke, Rüdiger:
Wem gehört die Republik. 1995, Eichborn, Frankfurt a.M.

Danksagung

Viele Bücher haben mehr Mütter und Väter, als aus den Namen der Autoren auf der Titelseite erkennbar ist. Das ist mit diesem Buch nicht anders, und diesen Personen gebührt Dank für die Unterstützung, die sie den Autoren gewährt haben.

Zunächst sind wir der Allianz Versicherungs-Aktiengesellschaft zu Dank verpflichtet, daß sie der Bearbeitung des ursprünglich für die Deutsche Versicherung erstellten Textes für eine Veröffentlichung zugestimmt hat. Wir haben über die Entstehungsgeschichte im Vorwort berichtet. Dabei gilt ein besonderer Dank dem Leiter des Zentralen Bildungswesens, Reinhard Leiter, der nicht nur die Idee zu diesem Fernstudienlehrgang hatte, sondern der dieser Idee mit Vertrauen und Energie auch zum Leben verholfen hat. Neben Reinhard Leiter war besonders Manfred Kass, der Leiter des Bildungswesens der Deutschen Versicherung, am Entstehen der Texte für den Fernstudienlehrgang beteiligt. Auf ihn insbesondere geht die Idee zurück, den Kündigungsgesprächen einen eigenen Studienbrief zu widmen, nachdem er von der Not und der Hilflosigkeit vieler Führungskräfte bei der Durchführung von Kündigungen gehört hatte. Auch ihm sei hiermit gedankt.

Viele der in dieses Buch eingegangenen Ideen sind Bestandteil der Outplacementberatung der Unternehmensberatung Dr. Stoebe, Kern & Partner, deren Mitglied Ulrich Küntzel ist. Einhard Schrader verdankt viele Anregungen den Mitarbeiterinnen der "Hebebühne", einer Beratungsstelle für Langzeitarbeitslose in Tulln, Niederösterreich, in deren Vorstand er seit einigen Jahren mitarbeitet.

Dennoch wäre dieses Buch nicht zustande gekommen, wenn nicht die Verlegerin, Rita Bolte, uns Autoren zusammengebracht hätte und uns mit ihrem Rat, ihrer Energie und mit ihrem Mut, uns lästig zu fallen, immer wieder neue Anstöße gegeben hätte. Ihr und auch der sorgfältigen Arbeit ihres Verlagsteams verdanken wir, daß dieses Buch die Form bekommen hat, in der es nun vorliegt.

Mein, Einhard Schraders, letzter und tiefstempfundener Dank gilt meiner Frau Karin Klebert, die mich immer wieder ermutigt hat, neben der täglichen Arbeit an dem Buch weiterzuarbeiten, die mir Anregungen gegeben hat und die durch ihre Begeisterung wesentlich dazu beigetragen hat, daß das Schreiben dieses Buches nicht nur Mühe und Arbeit war, sondern auch viel Freude bereitet hat.

Einhard Schrader

Ulrich Küntzel

Zu den Autoren

Einhard Schrader

Jahrgang 1940. Er promovierte in Soziologie und absolvierte eine psychotherapeutische Ausbildung. Seit Anfang der 70er Jahre arbeitet er als Kommunikationsberater für Organisationen im privatwirtschaftlichen und öffentlichen Bereich. Den Schwerpunkt seiner Tätigkeit bildet die Beratung von Unternehmen und von einzelnen Führungskräften bei persönlichen oder strategischen Veränderungsprozessen. Zahlreiche Lehrprogramme und Weiterbildungskonzepte wurden von ihm im Rahmen dieser Tätigkeit erstellt.

In ehrenamtlicher Funktion ist er an der Leitung einer Beratungsstelle für Arbeitslose beteiligt.

Mit dem Namen Einhard Schrader ist die ModerationsMethode untrennbar verbunden, da er an ihrer Entwicklung maßgeblich beteiligt war. Diese Methode spielt heute in der Wirtschaft eine wichtige Rolle im Bereich der Aus- und Fortbildung und bei der Umsetzung strategischer Prozesse.

Veröffentlichungen des Autors: neben dem Grundlagenbuch zur ModerationsMethode und der KurzModeration betreut er als Herausgeber die Reihe Moderation in der Praxis. Titel wie "Die ersten Tage im Betrieb" und das "Workbook – ein Methoden-Angebot als Anleitung zum aktiven Gestalten von Lern- und Arbeitsprozessen in Gruppen" sind weitere Titel. Alle erschienen im Verlag Windmühle GmbH.

Ulrich Küntzel

Jahrgang 1942. Diplom-Soziologe. War 20 Jahre in der betrieblichen Praxis in nationalen und internationalen Unternehmen, hat Führungserfahrung als Personalleiter und als Leiter Allgemeine Verwaltung in Industrie- und Vertriebsunternehmen. Seine Schwerpunkte liegen im Personaleinsatz und in der Personalentwicklung, bei der Personalanpassung im Zusammenhang mit Betriebsverlegungen und in der Regelung betrieblicher Konflikte.

Er ist heute Büroleiter der Outplacement-Beratung SKP Dr. Stoebe, Kern & Partner Unternehmensberatung GmbH in Haan bei Düsseldorf. Darüber hinaus arbeitet er in verschiedenen internationalen Gremien mit.

Wir sind ein Fachverlag für die Aus- und Weiterbildung. Wir verlegen Literatur, die sich schwerpunktartig mit Methoden der Erwachsenenbildung und andragogischem Basiswissen befaßt. Es ist uns wichtig, Fachbücher für den Praktiker zu veröffentlichen, die fundiertes und unmittelbar umsetzbares Wissen vermitteln. In unseren Büchern finden Sie z.B. Trainingskonzepte, Seminarunterlagen, Lehrsysteme. Hier einige Titel aus unserem Programm:

Hermann Weber (Hrsg.)
LITERATUR FÜR DIE AUS- UND WEITERBILDUNG
Wichtige Fachbücher für Management, Training und Weiterbildung.
Mit Kurzrezensionen.
überarbeitete und erweiterte Ausgabe
178 Seiten, 19,80 DM
ISBN 3-922789-44-7

C. Lauterburg, E. Ulich, H. Hoyer u.a.
LEISTUNGSRESERVEN AKTIVIEREN
Kommunikationssysteme und ihre Auswirkungen im Unternehmen
254 Seiten, mit zahlr. Abb.   DM 52,–
Bestellnummer ISBN 3-922789-13-7

Einhard Schrader, Joachim Biehne, Katja Pohley
OPTISCHE SPRACHE
Vom Text zum Bild
von der Information zur Präsentation
Ein Arbeitsbuch
140 Seiten, zahlr. Abb. und Tab.,
DIN A 4-Format. 39,80 DM
ISBN 3-922789-40-4

Doris Röschmann
111 × SPASS AM ABEND
Heitere Spiele zur Auflockerung von Teilnehmern in Seminaren, Kursen und Freizeiten
156 Seiten, 26,80 DM
ISBN 3-922789-53-6

Hermann Weber
ARBEITSKATALOG DER ÜBUNGEN UND SPIELE
Ein Verzeichnis von über 800 Gruppenübungen und Rollenspielen
1987, 864 Seiten,
1 herausklappbares
Faltblatt, kartoniert DM 98,–
ISBN 3-922789-22-6

Doris Röschmann
ARBEITSKATALOG DER ÜBUNGEN UND SPIELE
Band 2
Ein Verzeichnis von 400 Gruppenübungen und Rollenspielen.
Hrsg. Hermann Weber
521 Seiten, 59,– DM
ISBN 3-922789-35-8

K. Biedenkopf, A. Kieser, H. Rieckmann u.a.
ERFOLGSKONZEPTE DER FÜHRUNG
Fallstudien aus Deutschland, Japan und den USA
Band 6 der Reihe „Betriebliche Weiterbildung"
1984, 250 S., DM 52,–
ISBN 3-922789-16-1

Jens Uwe Martens
VERHALTEN UND EINSTELLUNGEN ÄNDERN
Veränderung durch gezielte Ansprache des Gefühlsbereiches
Ein Lehrkonzept für Seminarleiter
Neuauflage des Titels „Pädagogisch farbenblind"
351 Seiten, zahlr. Abb.,
ISBN 3-922789-28-5   DM 64,–

Joachim Dierichs, Berthold Helmes, Einhard Schrader, Walter G. Straub
WORKBOOK
Das Workbook enthält 200 verschiedene Methoden für die Gestaltung von Seminaren in der Erwachsenenbildung: ein Werkzeugkasten der Didaktik, in seiner Vielseitigkeit ein unerschöpflicher Ratgeber des Trainers und Referenten.
1984, 4. überarb. und erw. Auflage, DM 198,–
ISBN 3-922789-12-9

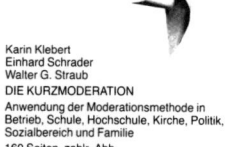

Karin Klebert
Einhard Schrader
Walter G. Straub
DIE KURZMODERATION
Anwendung der Moderationsmethode in Betrieb, Schule, Hochschule, Kirche, Politik, Sozialbereich und Familie
160 Seiten, zahlr. Abb.,
ISBN 3-922789-23-4   DM 36,–

Dave Francis, Don Young
MEHR ERFOLG IM TEAM
Ein Trainingsprogramm mit 46 Übungen zur Verbesserung der Leistungsfähigkeit in Arbeitsgruppen
293 Seiten, mit zahlr. Abb., Checklisten, Tab.
ISBN 3-922789-04-8   DM 59,–

Windmühle GmbH · Verlag und Vertrieb von Medien · Hamburg
Postfach 55 10 80 · 2000 Hamburg 55 · Telefon (0 40) 86 83 07